STRUM & SING Colbie Caillat

Cover photo by Andrew Southam

Cherry Lane Music Company
Director of Publications/Project Editor: Mark Phillips

ISBN 978-1-60378-401-6

Visit our website at www.cherrylaneprint.com

Contents

4 Oxygen

7 The Little Things

11 One Fine Wire

14 Bubbly

17 Feelings Show

21 Midnight Bottle

24 Realize

27 Battle

30 Tailor Made

34 Magic

37 Tied Down

40 Capri

42 I Won't

45 Begin Again

49 You Got Me

53 Fallin' for You

56 Rainbow

60 Droplets

63 I Never Told You

66 Fearless

70 Runnin' Around

74 Break Through

77 It Stops Today

80 Breakin' at the Cracks

84 Stay with Me

87 Brighter Than the Sun

92 I Do

96 Before I Let You Go

100 Favorite Song

106 What If

109 Shadow

112 Think Good Thoughts

116 Like Yesterday

121 All of You

125 Dream Life Life

130 What Means the Most

134 Make It Rain

137 Kiss the Girl

141 Lucky

144 Breathe

Oxygen

Words and Music by
Colbie Caillat and Jason Reeves

(Capo 8th fret)

G   C   Dadd4   C/D   Am7   Gmaj7/B   Cadd9

Intro

| G   C | Dadd4   C | G   C | Dadd4   C/D |

| G   Am7 | Gmaj7/B   Am7 | G   Am7 | Gmaj7/B   C/D |

Verse 1

G   Am7 |Gmaj7/B   Am7 |
I came apart   inside a world   made of an - gry people.

G   Am7 |Gmaj7/B   C/D |
I found a boy   who had a dream,   making ev - 'ryone smile.

G   Am7 |Gmaj7/B   Am7 |
He was sun - shine; I fell over

G   Am7 |Gmaj7/B   Am7 |
My feet   like bricks   under   water.

Cadd9   Dadd4 |Cadd9 |Dadd4
And how am I sup - posed to tell you how I feel? I need ox - ygen.

Chorus 1

||G |Dadd4
Oh, baby, if I was your lady,

|Cadd9
I would make you hap - py.

|Dadd4
I'm nev - er gonna leave, never gonna leave.

|G |Dadd4
Oh, baby, I will be your lady.

|Cadd9 |Dadd4 ||
I am going cra - zy for you.

Verse 2

```
        G              Am7        |Gmaj7/B            Am7              |
And so I found     a state of mind           where I could     be speechless.
        G              Am7        |Gmaj7/B            C/D              |
I had to try     it for a while          to figure out     this feeling.
        G      Am7 |Gmaj7/B      Am7          |
This felt so right, pulled me upside
        G          Am7     |Gmaj7/B            C/D              |
Down to     a place           where you've     been waiting.
Cadd9                    Dadd4              |Cadd9        |Dadd4
    And how am I sup - posed to tell you how I feel? I need ox -      ygen.
```

Chorus 2

```
       ||G                |Dadd4
Oh, baby, if I was your lady,
                            |Cadd9
I would make you hap  -  py.
         |Dadd4
I'm nev  -  er gonna leave, never gonna leave.
     |G               |Dadd4
Oh, baby, I will be your lady.
                 |Cadd9              |Dadd4
I am going cra  -  zy    for you.
```

Bridge

```
       ||Cadd9                      |Dadd4
And you don't wanna keep me wait  -  ing,
                 |Cadd9              |Dadd4
Staring at my fin  -  gers, feeling like a fool.
```

Chorus 3

```
 ‖G                      |Dadd4
Oh, baby, I will be your lady.
                          |Cadd9
I will make you hap  -  py.
                  |Dadd4
I'm nev  -  er gonna leave, never gonna leave.
    |G                      |Dadd4
Oh, baby, I will be your lady.
                  |Cadd9                |Dadd4
I am going cra  -  zy,         yeah.
```

Outro

```
                ‖G     Am7      |Gmaj7/B  Am7           |
Oh, oh, oh, oh.    Oh, oh, oh, oh.        Oh, oh, oh.
G                              Am7                |
Tell me what you want, baby, tell me what you need.
Gmaj7/B                 C/D              |
Anything I ask, baby, give it to me.
G       Am7                     |Gmaj7/B  Am7        |
  Baby, give it to me, give it to me.
G           Am7              |Gmaj7/B         Am7         |
  I came apart    inside a world       made of an - gry people.
G            Am7             |Gmaj7/B         Am7        |G  ‖
  I found a boy   who had a dream,        making ev - 'ryone smile.
```

6

The Little Things

Words and Music by
Colbie Caillat and Jason Reeves

(Capo 4th fret)

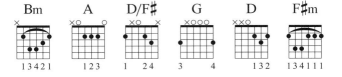

Intro   Bm   A |D/F♯   G |Bm   A |D/F♯   G   ‖

Verse 1

Bm   A |
The little things you do to me are
D/F♯   G |
Taking me over. I wanna show ya
Bm   A |
Everything in - side of me, oh,
D/F♯   G |
Like a nervous heart that is crazy beating.
Bm   A |
My feet are stuck here against the pavement.
D/F♯   G |
I wanna break free; I wanna make it
Bm   A |
Closer to your eyes, get your attention
D/F♯   G   ‖
Before you pass me by.

Chorus 1

```
      D                       A
Back up, back up. Take   another chance.
          |Bm              G                        |
Don't you mess up, mess up. I  don't wanna lose you.
      D                       A                      |
Wake up, wake up. This   ain't just a thing that you
Bm                      G                  |
Give up, give up. Don't   you say that I'd be
D          A        |Bm                    G                  |
Better off, better off, sleeping by myself and wondering if I'm
D          A            |Bm       G     ||
   Better off, better off, with - out you, boy.
```

Interlude

```
Bm       A        |D/F♯   G      |Bm       A          |D/F♯    G           ||
```

Verse 2

```
Bm                        A             |
   And every time you notice me by
D/F♯                      G                         |
   Holding me closely    and saying sweet things,
Bm                         A          |
   I don't believe that it could be
D/F♯                            G                    |
You speaking your mind and   saying the real thing.
Bm                         A              |
   My feet have broke free   and I am leaving.
D/F♯                       G              |
I'm not gonna stand here feeling lonely, but
Bm                      A                 |
   I don't regret it   and I don't think it
D/F♯                        G       ||
   Was just a waste of time.
```

8

Chorus 2

D   A
Back up, back up. Take   another chance.
        |Bm   G |
Don't you mess up, mess up. I don't wanna lose you.
D   A |
Wake up, wake up. This   ain't just a thing that you
Bm   G |
Give up, give up. Don't you say that I'd be
D   A |Bm   G |
Better off, better off, sleeping by myself and wondering if I'm
D   A |Bm   G |
   Better off, better off, with - out you, boy.

Bridge

               ||Bm   F♯m|D   G
Don't just-a leave me hanging on.
              |Bm   F♯m|D   G ||
Don't just-a leave me hanging on.

Verse 3

Bm   A |
   The little things you do to me are
D/F♯   G |
   Taking me over. I wanna show ya
Bm   A |
   Everything in - side of me, oh,
D/F♯   G |
Like a nervous heart that is crazy beating.
Bm   A |
   My feet are stuck here against the pavement.
D/F♯   G |
   I wanna break free; I wanna make it
Bm   A |
   Closer to your eyes, get your attention
D/F♯   G
   Before you pass me by.
           |Bm   A |D/F♯   G ||
Don't just-a leave me hanging on.

Repeat Chorus 2

|‖D   A |Bm   G
Outro   Don't just-a leave me   hanging on.

                       |D   A |Bm   G

Don't just-a leave me   hanging on.

                       |D   A |Bm   G

Don't just-a leave me   hanging on.

                       |D   A |Bm   G |D   ‖

Don't just-a leave me   hanging on.

One Fine Wire

Words and Music by
Colbie Caillat, Jason Reeves and Mikal Blue

(Capo 6th fret)

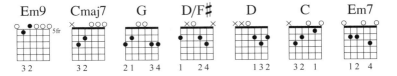

Verse 1

|Em9 |Cmaj7
      I try so   many times
     |G |D/F♯ |
But it's not taking me.

|Em9 |Cmaj7
      And it seems so   long ago
     |G |D/F♯
That I used to believe.

        |Em9 |Cmaj7 |G |D |
And I'm   so lost in - side of my head and crazy.

|Em9 |Cmaj7 |G |D
      But I can't get   out of it; I'm just stumbling.

Chorus

‖C |G

And I'm juggling all the thoughts   in my head.

    |D |Em7

I'm juggling and my fear's   on fire.

       |C |G

But I'm listening as it evolves   in my head.

    |D |Em7

I'm balancing on one   fine wire.

       |C

And I re‑member the time my balance was fine

   |G |D |Em7

And I was just walking on one fine wire.

       |C

And I re‑member the time my balance was fine

  |G |D |Em7

And I was just walking on one fine wire.

Bridge 1

‖C |G |Cmaj7 |

And it's   frayed at   both the   ends

   |C |G |Cmaj7 | ‖

And I'm   slow un - raveling.

Verse 2

Em9 |Cmaj7 |

    Life plays such   silly games

G |D |

    Inside of me.   Mm.

Em9 |Cmaj7 |G |D

    And I've felt some   distant cries   following.

     |Em9 |Cmaj7 |

And they're   entwined   between the night

G |D |

    And sunbeams.

Em9 |Cmaj7 |G |D

I wish I were   free from this   pain in me.

Repeat Chorus

Bridge 2

‖C |G |Cmaj7 |
And it's   frayed at both the   ends

|C |G |Cmaj7 |
And I'm   slow un - raveling.

Outro

‖C
And I re - member the time my balance was fine

|G |D |Em7
And I was just walking on one fine wire.

|C
And I re - member the time my balance was fine

|G |D |Em7
And I was just walking on one fine wire.

|C
And I re - member the time my balance was fine

|G |D |Em7
And I was just walking on one fine wire.

|C
And I re - member the time my balance was fine

|G |D |Em7 |
And I was just walking on one fine wire.

C |G |D |Em7 |

C |G |D |Em7   ‖

Bubbly

Words and Music by
Colbie Caillat and Jason Reeves

(Open D tuning; low to high: D-A-D-F♯-A-D)
(Capo 7th fret)

D   D5/C♯   Gadd9   Dmaj7/F♯   G   Aadd4   Em7

Intro

D　　|D5/C♯　　|Gadd9　　|D　　　　|

D　　|D5/C♯　　|Gadd9　　|D　　　　||

Verse 1

D　　　　　　　　　　|D5/C♯　　　|
　　I've been awake for a while now.
Gadd9　　　　　　　　　|D　　　　|
　　You've got me feelin' like a child now.
D　　　　　　　　　　　|D5/C♯　　　　|
　　'Cause every time I see your bubbly face,
Gadd9　　　　　　　|D
　　I get the tinglies in a silly place.

Chorus 1

　　　　　　　　||D　　　　　　|D5/C♯
It starts in my toes　 and I crinkle my nose.
　　　　　　|Gadd9　　　　|D
Wherever it goes,　　　 I always know
　　　　　　　　　　|D　　　　　　　　|D5/C♯
That you make me smile.　Please stay for a while　　now.
　　　　　|Gadd9　　　　　|D　　　||
Just take your time　　　wherever you go.

Verse 2

```
        D                      |D5/C♯              |
        The rain is fallin' on my windowpane,
Gadd9                |D              |
        But we are hidin' in a safer place.
        D              |D5/C♯                    |
        Under cover, stayin' dry and warm,
Gadd9                        |D
        You give me feelings that I adore.
```

Chorus 2

```
                        ‖D                    |D5/C♯
        It starts in my toes,   makes me crinkle my nose.
                 |Gadd9               |D
        Wherever it goes,        I always know
                            |D                  |D5/C♯
        That you make me smile.  Please stay for a while        now.
                 |Gadd9               |D          ‖
        Just take your time        wherever you go.
```

Bridge

```
        Dmaj7/F♯    |                |G        |         |
                But what am I gonna say
        Aadd4            |                |Em7      |
                When you make me feel this way?
        Dmaj7/F♯        |G        |
                I just…        Mm.
```

Repeat Chorus 2

Repeat Intro *(with scat singing)*

Verse 3

```
         D                                |D5/C#                    |
             I've been asleep for a while now.
         Gadd9                            |D                        |
             You tuck me in just like a child now.
         D                                |D5/C#                    |
             'Cause every time you hold me in your arms,
         Gadd9                            |D
             I'm comfortable enough to feel your warmth.
```

Chorus 3

```
                            ||D                  |D5/C#
         It starts in my soul   and I lose all control.
                                 |Gadd9          |D
         When you kiss my nose,        the feeling shows
                                        |D                   |D5/C#
         'Cause you make me smile.  Baby, just take your time        now,
                                 |Gadd9      |D
         Holdin' me tight.
```

Outro

```
                 ||D           |D5/C#     |Gadd9       |D
         Wher - ever, wher - ever, wher - ever you go.
                 |D           |D5/C#     |Gadd9       |D            |
         Wher - ever, wher - ever, wher - ever you go.
         D              |D5/C#           |
             Ooh, wherev  -   er you go,
         Gadd9           |D             |
             I always know.
         D                               |D5/C#
             'Cause you make me smile,
                                 |Gadd9      |D            ||
         Even just for a while.
```

Feelings Show

Words and Music by
Colbie Caillat, Jason Reeves and Mikal Blue

(Capo 5th fret)

C   Dadd4   Am7   D4   G/B   D   Em   Cmaj7   G

Intro   C |Dadd4 |C |Dadd4

                  ‖C |Dadd4

Verse 1   He told me he'd wait here patient   -   ly, but

              |C |Dadd4

I won - der if he's kidding.

                  |C |Dadd4

Well, may - be he could be serious   now.

                  |C

But maybe not,

           |Dadd4

Maybe   not because…

Chorus 1

    C   **Am7** |
Love is crazy, pretty baby; take it real slow.
Dsus4   **G/B** |
My feel - ings show.
C   **Am7** |
All you have to do is never ever let go.
Dsus4   **G/B** |
My feel - ings show.
C   **Am7** |
And I want you to know
D |**C** |**Dadd4**
My feelings show.

Verse 2

    ‖**C** |**Dadd4**
I'm sor - ry it's taken me so   long
    |**C** |**Dadd4**
To find out what I'm feeling.
     |**C** |**Dadd4**
I won - der if it will come   to me.
          |**C**
But maybe not,
    |**Dadd4**
Maybe   not because…

Chorus 2

C   Am7 |
Love is crazy, pretty baby; take it real slow.

Dsus4   G/B |
My feel - ings show.

C   Am7 |
All you have to do is never ever let go.

Dsus4   G/B |
My feel - ings show.

C   Am7 |
And I want you to know

Dsus4   G/B |
My feelings show.

C   Am7 |Dsus4   G/B ||
How I want you to know.

Bridge

Em |
What I'm trying to say

Cmaj7 |
Is that I'm feeling a change

G |D |
And I'll let it take, oh, over.

Em |
If you need time away,

Cmaj7 |
I won't ask you to stay.

G |D ||
But I don't wanna lose you.

Chorus 3

C   Am7
Love is crazy, pretty baby; take it real slow.
Dsus4   G/B
My feel - ings show.
C   Am7
All you have to do is never ever let go.
Dsus4   G/B
My feel - ings show.

Chorus 4

C   Am7
Love is crazy, pretty baby; take it real slow.
Dsus4   G/B
My feel - ings show.
C   Am7
All you have to do is never ever let go.
Dadd4   G/B
My feel - ings show.
C   Am7   Dsus4   G/B
And I want you to know   my feelings show.
C Am7   Dsus4 G/B
Never ever let go.
C Am7   Dsus4   G/B
Never ever let go.   My feelings show.
C Am7   Dsus4   G/B   C   Am7
Never ever let go.
       Dsus4   G/B
Feelings   show.
       C   Am7
Feelings   show.
       Dsus4   G/B   C   Am7   Dsus4 G/B   C
Feelings   show.

20

Midnight Bottle

Words and Music by
Colbie Caillat and Jason Reeves

(Capo 4th fret)

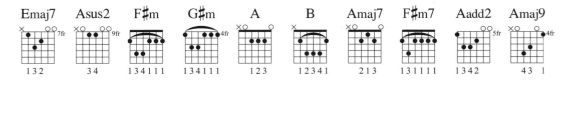

Intro

| Emaj7 | | |Asus2 | | |
| Emaj7 | | |Asus2 | | |

Verse 1

Emaj7 |
Midnight bottle, take me calmly

|Asus2 | |
Through my memories and everything will come back to me.

Emaj7 | |Asus2
Midnight bottle, make it real, what feels like make believe,

|Asus2
So I can see a little more clearly.

|F#m |G#m |
Like every single move you make, kissing me so carefully

A |B
On the corners of my dreaming eyes.

Chorus 1

‖**Emaj7**

I've got a midnight bottle, gonna drink it down.

|**Amaj7** | |**F♯m7**

A one-way ticket takes me to the times we had   before,

|**F♯m7** |**B**

When everything felt so right.

|**B**

If only for tonight.

|**Emaj7** |

A midnight bottle, gonna ease my pain

|**Amaj7** | |**F♯m7**

From all these feelings driving me insane. I think   of you

|**F♯m7** |**B**

And everything's all right.

|**B**

If only for tonight.

Verse 2

‖**Emaj7** | |**Asus2**

Got a midnight bottle, drifting off into the candlelight,

|**Asus2** |

Where I can find you any old time.

Emaj7 | |**Asus2** |

Midnight bottle, I forgot how good it felt to be in a dream,

Asus2

Just like you had me.

|**F♯m** |**G♯m** |

'Cause lately I've been stumbling; it feels like I'm recovering.

A |**B** |

But I think it's only for to - night.

22

Chorus 2

‖**Emaj7** |
I've got a midnight bottle, gonna drink it down.

|**Amaj7** | |**F♯m7**
A one-way ticket takes me to the times we had   before,

|**F♯m7** |**B**
When everything felt so right.

|**B**
If only for tonight.

|**Emaj7** |
A midnight bottle, gonna ease my pain

|**Amaj7** | |**F♯m7**
From all these feelings driving me insane. I think   of you

|**F♯m7** |**B** |
And everything's all right.

Bridge

‖**Aadd2** |
If only for to - night.

|**B** |
If only for to - night.

|**Aadd2** |
Oh, if only for to - night.

|**B** |
If only for to - night.

Repeat Chorus 2

Chorus 2

‖**Amaj9** | |
If only for tonight,   yeah.

Amaj9 | | |
Midnight bot - tle,

|**Amaj9** |
Take the time away

|**Emaj7** ‖
From where we are.

Realize

Words and Music by
Colbie Caillat, Jason Reeves and Mikal Blue

Csus2   G/B   Fadd9   Am7   G   C/E

Verse 1

Csus2
    Take time to realize
G/B
    That your warmth is
Fadd9   Am7 |G/B
Crashing down   on in.
Csus2
    Take time to realize
G/B
    That I am on your side.
Fadd9   Am7 |G/B
    Didn't I, didn't I tell you?

Pre-Chorus

Fadd9   Am7
    But I can't spell it out for you.
G
    No, it's never gonna be that simple.
Fadd9   Am7 |G/B
    No, I can't spell it out for you.

Chorus 1

‖**Csus2**   **G/B**

If you just realize what I just realized,

       |**Am7**   **Fadd9**

Then we'd be perfect for each other and we'll never find another.

     |**Csus2**   **G/B**

Just realize what I just realized.

     |**Am7**   **Fadd9**

We'd never have to wonder if we missed out on each other now.

Csus2   **G/B** |**Am7**   **Fadd9**   ‖

Verse 2

Csus2

    Take time to realize,

G/B

   Oh, oh, I'm on your side.

Fadd9   **Am7** |**G**

   Didn't I,   didn't I tell you?

Csus2

    Take time to realize

G/B |**Fadd9**   **Am7**

   This all can pass you by.

       |**G/B**   ‖

Didn't I tell you?

Repeat Pre-Chorus

Chorus 2

‖**Csus2**   **G/B**

If you just realize what I just realized,

       |**Am7**   **Fadd9**

Then we'd be perfect for each other and we'll never find another.

     |**Csus2**   **G/B**

Just realize what I just realized.

     |**Am7**   **Fadd9**

We'd never have to wonder if we missed out on each other but...

Bridge

Am7   G/B |
    It's not the same,
Fadd9   **G**
     No, it's never the same
|**Am7 G/B**   **Csus2 C/E** |**F** |
If you don't feel it too.
Am7   **G** |
    If you meet me halfway,
Fadd9   **G**
    If you would meet me half - way,
         |**Am7 G/B Csus2 C/E** |**Fadd9**
It could be   the same for you.

Chorus 3

           ||**Csus2**   **G/B**
If you just realize what I just realized,
         |**Am7**   **Fadd9**
Then we'd be perfect for each other and we'll never find another.
     |**Csus2**   **G/B**
Just realize what I just realized.
     |**Am7**   **Fadd9**
We'd never have to wonder.
     |**Csus2**   **G/B** |**Am7**   **Fadd9**
Just realize what I just realized.
       |**Csus2**   **G/B** |**Am7**   **Fadd9**
If you just realize what I just realized…

Outro

     |**Csus2**   **G/B** |**Am7**
Oo,   oo.
Fadd9 |**Csus2**
Missed out on each other now,
  G/B |**Am7**   **Fadd9** |
We missed out on each other now,   ow, ow,   yeah.
Csus2   **G/B** |**Am7**   **Fadd9** |**Csus2**   **G/B**
    Real - ize, real - ize, real - ize, real - ize,
     |**Am7** **Fadd9** |**Csus2** |**G/B** |**Fadd9 Am7** |**G/B** ||
Oo, oo.

Battle

Words and Music by
Colbie Caillat

(Capo 4th fret)

Em7   G/F♯   G/C   Em   Bm7   Cmaj7

C5   G   D4   Am7   C   Gmaj7/B   C6/E

Intro

| Em7   G/F♯ | G/C | Em   Bm7 | Cmaj7 |

Verse 1

Em   Bm7 | Cmaj7
You thought we'd be fine.

Em   Bm7 | Cmaj7
All these years gone by.

Em   Bm7 | Cmaj7
Now you're asking me to listen; well, then tell me about everything.

Em   Bm7 | Cmaj7 C5
No lies, we're los - ing time.

Chorus 1

‖ G   Dsus4 | Am7
'Cause this is a bat - tle and it's your fi - nal last call.

| G   Dsus4 | C
It was a tri - al; you made a mis - take, we know.

| Am7   Gmaj7/B | C
But why aren't you sor - ry? Why aren't you sor - ry? Why?

| Em   G/F♯ | C
This can be bet - ter; you used to be hap - py, try.

Em   Bm7 | Cmaj7
Ah,   ah.

Em   Bm7 | Cmaj7
Ah,   ah.

27

Verse 2

Em	Bm7		Cmaj7		

You've got them on your side.

Em	Bm7		Cmaj7		

And they won't change their minds.

Em	Bm7		Cmaj7		

Now it's over and I'm feeling like we've missed out on everything.

Em	Bm7	|Cmaj7 C5

I just hope it's worth   the fight.

Chorus 2

‖G   Dsus4 |Am7

'Cause this is a bat - tle and it's your fi - nal last call.

|G   Dsus4 |C

It was a tri - al; you made a mis - take, we know.

|Am7   Gmaj7/B |C

But why aren't you sor - ry? Why aren't you sor   -   ry? Why?

|Em7   G/F♯ |C

Things can be bet - ter; you can be hap - py, try.

Bridge

‖Em   Bm7 |Cmaj7

Oh, oh, oh, oh.

|Em   Bm7 |Cmaj7

Oh, oh, oh, oh.

|Em   Bm7 |Cmaj7

Oh, oh, oh, oh.

|Em   Bm7 |Cmaj7

Oh, oh, oh, oh.

Chorus 3

‖G/F♯ |C6/E

’Cause this is a bat - tle and it’s your final last call.

      |G/F♯ |

It was a tri - al; you made a mistake, we know.

C

(Can’t you see you hurt me so?)

         |Am7   Gmaj7/B |C

But why aren’t you sor - ry? Why aren’t you sor - ry? Why?

      |Em   G/F♯ |C

This can be bet - ter; we can be hap - py, try.

Outro

    ‖Em Bm7 |Cmaj7

(Oh, oh, oh, oh.) ’Cause this is a bat - tle, this is a battle.

   |Em Bm7 |Cmaj7

(Oh, oh, oh, oh.) And it’s your fi - nal last call.

   |Em Bm7 |Cmaj7

(Oh, oh, oh, oh.) ’Cause this is a bat - tle, this is a battle.

   |Em Bm7 |Cmaj7

(Oh, oh, oh, oh.) And it’s your fi - nal last call.

     |Em   Bm7 |Cmaj7   ‖

This is a bat - tle and it’s your fi - nal last call.

Tailor Made

Words and Music by
Colbie Caillat and Jason Reeves

(Capo 7th fret)

Em   C   G   D   Am7   D4

Intro

| Em | | C | | G | | D | |
| Em | | C | | G | | D | ‖ |

Verse 1

    Em   **C**
Twenty-five, all of these mixed   emotions
    G   **D**
Tan - gled up in pure confusion.
    Em
It's hard to let go of the past,
C   **G**   **D**
    But it seems eas - ier as time is moving.

Pre-Chorus 1

Am7   **C**
    Well, you said he makes you laugh
C   **Em**
And he makes you hap - py.
    Em   **Am7**
He sees you smiling back.
Am7   **C**
It is everlast - ing. And so

Chorus 1

‖**G** |

He's tailor-made for you,

G |**D** |

   With stunning gold - en hues

D |**Em**

   And one sweet tone   to soothe

   |**Em** |**C** |

Your   persistent beating heart. It's just a start.

   |**G** | |**D**

And I,   I have seen you every day.

   |**D** |**Em** |

You've never been like this   before.

Em |**C**

   He's tailor-made,

   |**C**   ‖

Tai - lor, tailor-made.

Interlude

G | |**D** |

     Mm, da da doo.

   |**C** | |**G** |**D** |

Da da doo.   Da da doo.

Verse 2

‖**Em** |**C**

So let go all of these mixed emotions,

   |**G** |**D**

For - get all your hes - itations.

   |**Em** |**C**

To - gether entwined inside this feeling,

   |**G** |**D** |**Dsus4 D**   ‖

Your feet off the ground, head hits ceiling.

Pre-Chorus 2

```
Am7                          |              |C
     Then  he  whispered  in  your  ear
    |C            |Em
He's  absolutely  fall  -  ing.
    |Em                    |Am7           |
The  words  he  said  are  clear.
Am7           |C                |
Don't  insist  on  stalling,  because
```

Chorus 2

```
                   ||G        |
He's  tailor-made    for  you,
G                      |D          |
   With  stunning  gold  -  en  hues
D                    |Em
   And  one  sweet  tone    to  soothe,
    |Em          |C                    |
Your     persistent  beating  heart.  It's  just   a  start.
   |G        |              |D
And  I,    I  have  seen  you  every  day.
    |D                    |Em       |
You've  never  been  like  this      before.
Em                |C        |
   Tailor-made.
```

Bridge

```
    ‖Em        |              |C          |
Woh, sis - ter,      don't be trou - bled.
       |Em        |            |C          |
Woh, sis - ter,      please be calm.
           |Em        |              |C          |
'Cause this is - n't      what you're used  to
     |D        |          |          |
At  all.
```

Repeat Chorus 1

Outro

```
      G    |       |D    |   |C    |
           Mm,  mm.      Ooh, ooh.
    |G    |D    |G       |
Ah,  ooh.
    G         |D     |            |C      |
    Da da da doo. Ba   ba ba ba doo.
        |G    |D    |G     ‖
Da da doo.
```

Magic

Words and Music by
Colbie Caillat and Jason Reeves

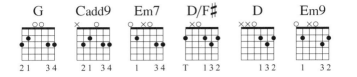

(Capo 3rd fret)

Intro G |Cadd9 |G |Cadd9 ||

Verse 1

G |Cadd9 |
You've got magic inside your fin - gertips.
G |Cadd9 |
It's leaking out all over my   skin, yeah.
G |Cadd9
Every time that I get close   to you,
                   |Em7   D/F♯ |Cadd9
You're making me weak with the way you look through those   eyes.

Chorus 1

        ||G
But all I see is your face.
    |Cadd9
All I need is your touch.
      |Em7
Wake me up with your lips.
      |Cadd9 |G
Come at me from up above. Yeah.
      |Cadd9 ||
Oh, I need you.

Verse 2

G Tacet |Cadd9 |
I remember the way that you   move.

G |Cadd9 |
You're dancing easily through my dreams.

G |Cadd9
It's hitting me harder and harder with all your smiles.

         |Em7   D |Cadd9
You are crazy gentle in the way you kiss.

Chorus 2

                    ‖G
And all I see is your face.

               |Cadd9
All I need is your touch.

                |Em7
Wake me up with your lips.

                |Cadd9
Come at me from up above.

Bridge

      ‖Em7   Cadd9 |G   D/F♯ |
Oh, baby, I need you to see   me, the way   I see you,

Em7   Cadd9 |G |D/F♯   D
Lovely, wide awake   in the middle of my dreams.

Chorus 3

                    ‖G
And all I see is your face.

               |Cadd9
All I need is your touch.

                |Em7
Wake me up with your lips.

                |Cadd9
Come at me from up above.

Chorus 4

‖**G**
All I see is your face.

|**Cadd9**
All I need is your touch.

|**Em7**   **Em9**
Wake me up with your lips.

|**Cadd9**
Come at me from up above.

Outro

‖**G** |**Cadd9**
Yeah,   yeah. Oh, la. La da da da da da da.

|**Em7** |**Cadd9**
Doo doo doo doo doo doo doo doo doo doo doo doo.

|**G** |**Cadd9**
All I see is your face.

|**Em7** |**Cadd9**
All I see is your face.

|**G** |**Cadd9**
All I see is your face.

|**Em7** |**Cadd9** |**G**   ‖
Doo doo doo doo doo doo doo doo doo doo doo.

Tied Down

Words and Music by
Colbie Caillat and Jason Reeves

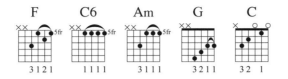

(Capo 1st fret)

Intro

| F | | | C6 | |

| | F | | | C6 | |

Ba doo ba doo doo bum.   Ba doo doo ba bum   bum bum.

Verse 1

‖ F | | C6 |

Oh, I, I   don't know what to   say.

| F | | C6 |

And I, I   have told you late - ly

| F | | C6 |

That I'm tired of talking 'bout the same old reasons we   change.

| F | | C6 |

Just take it easy, don't worry 'bout these   days.

Chorus 1

‖ F | |

'Cause I'm keeping it cool, not thinking about you

F | C6 | |

Sticking around or if we should   be

F

Tied down. I'm looking around.

| F | C6 |

I know what I want, so don't hold me   down.

Verse 2

||**F** | |**C6** |
Oh, I, I, I don't play games.

|**F** | |**C6** |
And I, I, I have been learn - ing

|**F** | |**C6** |
To just let it all go and stay quiet when I feel like speak - ing

|**F** | |**C6** |
My mind on whatever it is I need to make clear and just say

Chorus 2

||**F** |
That I'm keeping it cool, not thinking about you

F |**C6** | |
Sticking around or if we should be

F
Tied down. I'm looking around.

|**F** ||
I know what I want, so don't hold me

Bridge

Am   **G** |**C** |
 Down,

Am   **G** |**C** |
Down,

Am **G** |**C** |**G** |
Down. Don't you hold me down.   Woh, woh,

Repeat Chorus 1

38

Verse 3

```
  ‖F    |              |C6         |
Oh I, I,   I can't take    it.
  |F              |          |C6          |
So please, please,    won't you lis - ten
        |F
To the troubles all around me.
      |F                          |C6          |
I get caught up and I'm barely breath - ing.
        |F                    |              |C6        |
But I'm finding that holding on is harder than never leav - ing.
```

Outro

```
  ‖F    |                |C6         |
Oh I, I.   Oh, woh, oh, oh.
   |F    |          |C6          |
Oh, I, oh, I, oh, oh.
        |F                 |          |C6        ‖
Bum ba dum dum dum     dum.
```

Capri

Words and Music by
Colbie Caillat

(Capo 9th fret)

G   D/F#   E7sus4   Cadd9/E

Verse 1

G   D/F# |E7sus4 Cadd9/E |
 She's got a baby inside

G   D/F# |E7sus4
 And holds her belly tight

Cadd9/E |G   D/F# |E7sus4
All through the night just so she knows.

Cadd9/E |G D/F# |E7sus4
She's sleeping so safely to keep

        Cadd9/E |G   D/F# |E7sus4 Cadd9/E ||
Her growing.

Verse 2

G   D/F# |E7sus4
 And, oh, when she'll open her eyes,

        Cadd9/E |G   D/F# |E7sus4
There'll be no surprise   that she'll grow to be

     Cadd9/E |G D/F# |E7sus4   Cadd9/E ||
So beautifully,   just like her moth - er that's carrying.

Chorus 1

G   D/F# |E7sus4 Cadd9/E |
Oh, Capri,   she's beauty.

G   D/F# |E7sus4   Cadd9/E |
Baby, in - side she's loving.

G   D/F# |E7sus4 Cadd9/E |
Oh, Capri,   she's beauty.

G   D/F# |E7sus4   Cadd9/E |G
There is an an   -   gel glowing   peaceful - ly.

D/F# |E7sus4   Cadd9/E |
Oh, Capri,   sweet baby.

G   D/F# |E7sus4 Cadd9/E |G   D/F# |E7sus4 Cadd9/E ||

Verse 3

G   D/F# |E7sus4   Cadd9/E |
And things will be hard at times,   but I've learned to try

G   D/F# |E7sus4 Cadd9/E |
Just listening   patiently.

G   D/F# |E7sus4   Cadd9/E ||
Oh,   Ca - pri, sweet baby.

Chorus 2

G   D/F# |E7sus4 Cadd9/E |
Oh,   Ca - pri,   she's beauty.

G   D/F# |E7sus4   Cadd9/E |
Baby, in - side she's loving.

G   D/F# |E7sus4 Cadd9/E |
Oh, Ca - pri,   you're beauty,

G   D/F# |E7sus4   Cadd9/E |G   D/F# |
Just like your moth   -   er that's carry - ing.

E7sus4 Cadd9/E |G ||
Oh,   Capri.

I Won't

Words and Music by
Colbie Caillat, Jason Reeves and Makana Rowan

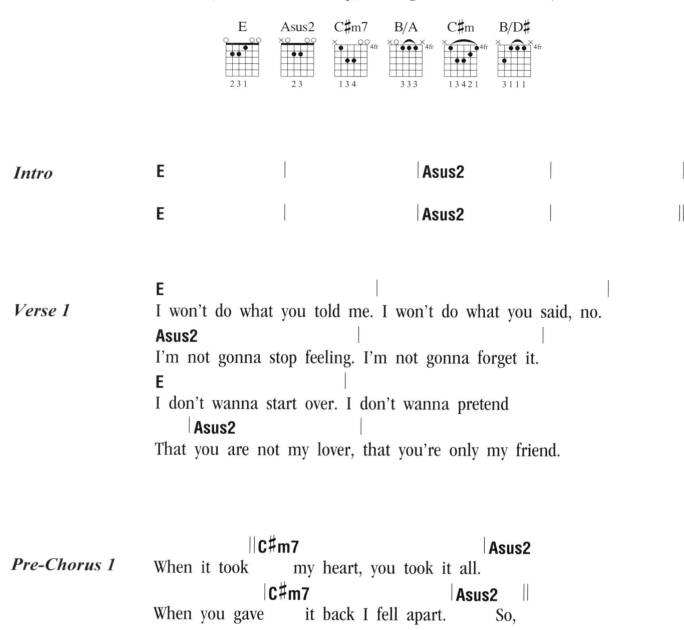

(Tune down one half step; low to high: E♭-A♭-D♭-G♭-B♭-E♭)

E   Asus2   C♯m7   B/A   C♯m   B/D♯

Intro

| E | | | Asus2 | | | |
| E | | | Asus2 | | | ‖ |

Verse 1

E
I won't do what you told me. I won't do what you said, no.
Asus2
I'm not gonna stop feeling. I'm not gonna forget it.
E
I don't wanna start over. I don't wanna pretend
‖Asus2
That you are not my lover, that you're only my friend.

Pre-Chorus 1

‖C♯m7   ‖Asus2
When it took   my heart, you took it all.
          ‖C♯m7   ‖Asus2 ‖
When you gave   it back I fell apart.   So,

Chorus

E | |

I won't do what you told me. I won't do what you said, no.

Asus2 | |

I'm not gonna stop feeling. I'm not gonna forget it.

E |

I don't wanna start over. I don't wanna pretend

   |**Asus2** | |**E** |

That you are not my lover, that you're only my friend, friend.

     |**Asus2** |**B/A** **Asus2**

I won't.

Verse 2

        ‖**E** | |

Oh, maybe you're not right for me.

Asus2 | |

Maybe this is hard to see.

E | |

I get lost in your beauty

Asus2 |

And I just stop questioning.

Pre-Chorus 2

         ‖**C♯m7** |**Asus2**

'Cause when it took my heart, you took it all.

       |**C♯m7** |**Asus2** ‖

When you gave it back I fell apart.   So,

Repeat Chorus

Bridge

          ‖C♯m   B/D♯ |Asus2

You say it's easier to burn than to build.

          |C♯m   B/D♯ |Asus2

You say it's easier to hurt than to heal.

          |C♯m   B/D♯ |Asus2

But I say you lose when you give up what you love.

          |C♯m   B/D♯ |Asus2

And I've lived my life without you long enough.   So,

Repeat Chorus

Outro

          ‖E |

I won't. (I won't do what you told me.) I won't.

 E |

(I won't do what you said, no.)

 Asus2 | |

(I won't do what you told me. I won't do what you said.)

 C♯m B/D♯ |Asus2   ‖

No,   I won't.

Begin Again

Words and Music by
Colbie Caillat, Jason Reeves and Kara DioGuardi

(Capo 4th fret)

G5   G5/F#   Em7   Csus2   G/B

Dadd4   G   D/F#   Em   C   Am

Intro

G5 |G5/F# |Em7 |Csus2 |

G5 |G5/F# |Em7 |Csus2 ||

Verse 1

G5 |G5/F# |Em7
    I can't get you out of the sunlight.
|Csus2 |G5
I can't get you out of the rain.
 |G5/F# |Em7
I can't get you back to that one time
   |Csus2 ||Em7
'Cause you and me are still recover - ing.

Pre-Chorus

   |G5/F# |Csus2
So let's just try to cool it down;
   |Csus2   G/B |Em7
The fight - ing is feed - ing the flames.
   |G5/F# |Csus2
So let's just try to slow it down;
   |Csus2 |Dadd4 |
We crash   when we race.

Chorus 1

    ‖G |D/F♯ |Em

Oh, this   is not the way that it should end. It's the way it should be - gin,

                     |C

It's the way it should be - gin again.

  |G |D/F♯ |Em

No, I never wanna fall a - part, never wanna break your heart,

               |C

Never wanna let you break my own.

  |G |D/F♯ |Em

Yes, I know we've said a lot of things that we probably didn't mean,

               |C

But it's not too late to take them back.

  |G |D/F♯ |Em

So, before you say you're gonna go, I should probably let you know

               |C |

That I never knew what I had.

G |D/F♯ |Em |C   ‖

    I never knew what I had.

Verse 2

    G5 |G5/F♯ |Em7

       See, I look for you in the morning

    |Csus2 |G5

'Cause that's where my mind always goes.

  |G5/F♯ |Em7

And I can't wait to get to the evening

  |Csus2   ‖Em7

'Cause that's when I want you the most.

Repeat Pre-Chorus

Repeat Chorus 1

Bridge

Em |D |Csus2

    But I know it now.

|Csus2 |Em

I wish I would've known before

          |D |Csus2 |

How good   we were.

Am |Em |D

  Is it too late   to come back,

 |D |Am

Or is it's really over?

  |Em |D |

And if it's really over,

Chorus 2

               ||G |D/F♯ |Em

Then this is not the way that it should end. It's the way it should be - gin,

                   |C

It's the way it should be - gin again.

  |G |D/F♯ |Em

No, I never wanna fall a - part, never wanna break your heart,

            |C

Never wanna let you break my own.

  |G |D/F♯ |Em

Yes, I know we've said a lot of things that we probably didn't mean,

           |C

But it's not too late to take them back.

  |G |D/F♯ |Em

So, before you say you're gonna go, I should probably let you know

          |C |

That I never knew what I had.

G |D/F♯ |

  I never knew what I had.

Em |C |

  I never knew what I had.

G |D/F♯ |

  I never knew what I had.

Em |C ||

  I never knew what I had.

Outro

G |D/F♯ |Em |C

I never knew what I had.

            |G |D/F♯ |Em |C |

But I'm telling you   I never knew what I had.

G |D/F♯ |Em |C |

I never knew what I had.

G |D/F♯ |Em |C |G ||

I never knew what I had.

You Got Me

Words and Music by
Colbie Caillat and John Shanks

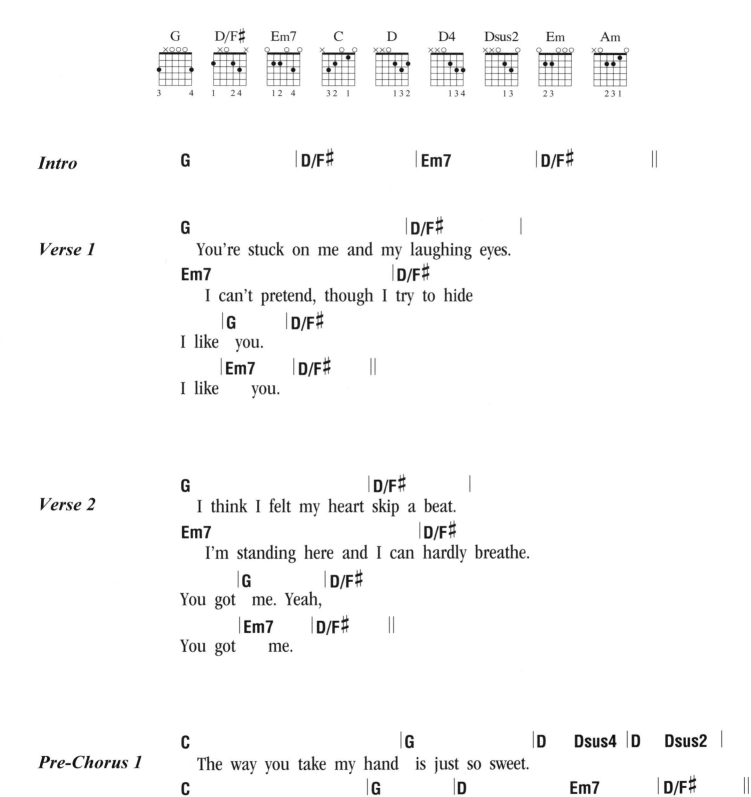

Intro

G |D/F♯ |Em7 |D/F♯ ||

Verse 1

G |D/F♯ |
You're stuck on me and my laughing eyes.
Em7 |D/F♯
I can't pretend, though I try to hide
|G |D/F♯
I like   you.
|Em7 |D/F♯ ||
I like   you.

Verse 2

G |D/F♯ |
I think I felt my heart skip a beat.
Em7 |D/F♯
I'm standing here and I can hardly breathe.
|G |D/F♯
You got   me. Yeah,
|Em7 |D/F♯ ||
You got   me.

Pre-Chorus 1

C |G |D Dsus4 |D Dsus2 |
The way you take my hand   is just so sweet.
C |G |D   Em7 |D/F♯ ||
And that crooked smile of yours,   it knocks me off my feet.

Chorus 1

G |D |
Oh, I just can't get enough.

Em |C |
How much do I need to fill me up?

G |D |
It feels so good, it must be love.

Em |C
It's everything that I've been dreaming of.

     |G |D
I give up. I give in. I'll let go. Let's begin

        |Em |C |
'Cause no mat - ter what I do,   oh,

   |D |G |D/F♯ ||
My heart is filled with you.

Verse 3

G |D/F♯ |
I can't imagine what it'd be like

Em7 |D/F♯
Living each day in this life

   |G |D/F♯
Without you, oh,

  |Em7 |D/F♯ ||
Without you.

Pre-Chorus 2

C |G |D   Dsus4 |D   Dsus2 |
One look from you, I know you understand.

C |G |D Em7 |D/F♯ ||
This mess we're in, you know, is just so   out of hand.

Repeat Chorus 1

Bridge

Am | Em7 | D | |

I hope we al - ways feel this way. (I know we will.)

Am | Em7 | D | D/F# | ||

And in my heart I know that you'll always stay.

Chorus 2

G | D | |

Oh, I just can't get enough.

Em | C | |

How much do I need to fill me up?

G | D | Em | C |

It feels so good, it must be love.

| G | D |

I give up. I give in. I'll let go. Let's begin

| Em | C | ||

'Cause no mat - ter what I do…

Chorus 3

G |D |
 Oh, I just can't get enough.

Em |C |
 How much do I need to fill me up?

G |D |
 It feels so good, it must be love.

Em |C
 (It's everything that I've been dreaming of.)

    |G |D
I give up. I give in. I'll let go. Let's begin

      |Em |C |
'Cause no mat - ter what I do,   oh,

    |D |G |D/F♯
My heart is filled with you.   Oh,

   |Em |C |G
You got me, you got me. Oh,

   |D |Em |C ||
Oh, you got me, you got me.

Fallin' for You

Words and Music by
Colbie Caillat and Rick Nowels

Intro

E5 |Badd4/E |Aadd2 |Badd4 |

E5 |Badd4/E |Aadd2 |Badd4 ‖

Verse 1

E5 |Badd4/E |
I don't know, but   I think I may be

Aadd2 |Badd4 |
Fallin for you,   dropping so quickly.

E5 |Badd4/E |
Maybe I should   keep this to myself,

Aadd2 |Badd4
Wait until I   know you better.

Pre-Chorus 1

‖Aadd2 |E/G♯ |F♯m7add4
I am trying not to tell you, but I want to.

|E/G♯
I'm scared   of what you'll say,

|Aadd2 |G♯m   C♯m
And so I'm hiding what I'm feeling,

|F♯m7add4   E/G♯ |Aadd2   Badd4 ‖
But I'm tired   of   hold - ing   this in - side my head.

Chorus 1

E5 |Badd4/E |

I've been spending all my   time just thinking 'bout you.

Aadd2 |Badd4 |

I don't know what to do.   I think I'm falling for you.

E5 |Badd4/E |

I've been waiting all my   life, and now I found you.

Aadd2 |Badd4 |E5 |

I don't know what to do.   I think I'm falling for you.

Badd4/E |Aadd2 |Badd4   ‖

I'm falling for you.

Verse 2

E5 |Badd4/E |

As I'm standing here,   and you hold my hand,

Aadd2 |Badd4 |

Pull me towards you,   and we start to dance.

E5 |Badd4/E |

All around us,   I see nobody.

Aadd2 |Badd4

Here in silence,   it's just you and me.

Pre-Chorus 2

‖Aadd2 |E/G♯ |F♯m7add4

I'm trying not to tell you, but I want to.

        |E/G♯

I'm scared   of what you'll say,

        |Aadd2 |G♯m   C♯m7

And so I'm hiding what I'm feeling,

        |F♯m7add4 E/G♯ |Aadd2   Badd4   ‖

But I'm tired   of hold - ing this in - side my head.

Repeat Chorus 1

Bridge

C#m | |
   Oh, I just can't take   it.

F#m | |
   My heart is rac - ing.

A |G#m7 |Badd4 | ||
   Emotions keep spilling out.

Chorus 2

E5 |Badd4/E |
   I've been spending all my   time just thinking 'bout you.

Aadd2 |Badd4 |
   I don't know what to do.   I think I'm falling for you.

E5 |Badd4/E |
   I've been waiting all my   life, and now I found you.

Aadd2 |Badd4 |E5 |
   I don't know what to do.   I think I'm falling for you.

Badd4/E |Aadd2 |Badd4 ||
   I'm falling for you.   I think I'm falling for you.

Outro

E5 |Badd4/E |
   I guess I'm thinking 'bout it.   I want you all around me.

Aadd2 |Badd4 |
   And now I just can't hide it.   I think I'm falling for you.

E5 |Badd4/E |
   I guess I'm thinking 'bout it.   I want you all around me.

Aadd2 |Badd4 |
   And now I just can't hide it.   I think I'm falling for you.

E5 |Badd4/E |Aadd2 |Badd4 |
               I'm falling for you.

   |E5 |Badd4/E |Aadd2 |
Oh, oh.   Oh, no,   no. Oh, oh, oh,   oh, oh.

Badd4 |E5 ||
   Oh, I'm fallin' for   you.

Rainbow

Words and Music by
Colbie Caillat and Jason Reeves

(Capo 3rd fret)

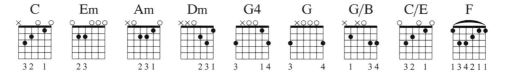

Verse 1

    C   **|Em**   **Am**
I'm still feeling the rain   fall,

Dm   **|Gsus4**   **G**   **|**
Bouncing off my skin.

C   **|Em**   **Am**
How long do I have to wait   for

   |Dm   **|Gsus4**   **G**   **|**
The sun to shine again?

C   **|Em**   **Am**
Come out paint me a rain - bow

   |Dm   **|Gsus4**   **G**
So I can follow it.

   |C   **|Em**   **Am**
I don't know where it'll take   me,

   |Dm   **|Gsus4**
But I like wondering.

Chorus 1

```
     G         ‖C
Who - ever  you  are,
               |Em
Where  will  you  be?
Am            |Dm                    |Gsus4  G           |C
Are  you  the  same    old  dreamer  out  there  waiting  only  for  me,
               |Em
Waiting  for  love,
Am            |Dm                    |Gsus4
Waiting  for  the  same  old  dreamer  on  the  other  side,
G         |Am         G/B      |C        C/E        |F            |
Hoping  that  no  matter  how  far,  I'm  gonna  find  my  way  to  you?
Gsus4                |C
Following  a  rainbow.
         |Em      Am     |Dm               |Gsus4  G      ‖
Oh,  oh,          oh,  oh,           yeah.
```

Verse 2

```
     C                           |Em     Am
I'm  gonna  stop  in  the  mid - dle,
       |Dm                  |Gsus4  G
Hang  my  feet  off  the  edge.
 |C                          |Em     Am
I  got  no  reason  to  wor  -  ry;
 |Dm                |Gsus4  G
I  know  I'll  find  the  end.
       |C                          |Em     Am
And  that's  where  you'll  be  wait - ing.
 |Dm                |Gsus4  G
I  hope  you  don't  forget
       |C                   |Em     Am         |
That  I  won't  quit  till  I  find     you,
Dm                 |Gsus4
No  matter  the  risk.
```

Repeat Chorus 1

Bridge

    F   **|Am**
Stuck in my mind,   I'm wasting time.

C   **|G**
Still on my own.

               |F
I never thought that I would find my way

Am   **|C**   **|G**
Into the light, dreaming to find…

Chorus 2

          ||C
Whoever you are,

           |Em
Where will you be?

Am   **|Dm**   **|Gsus4**   **G**   **|C**
Are you the same old dreamer on the other side waiting for me,

       |Em
Waiting for love,

Am   **|Dm**   **|Gsus4**
Waiting for the same old dreamer on the other side,

G   **|Am**   **G/B**   **|C**   **C/E**   **|F**
Hoping that no matter how far, I'm gonna find my way to you?

Gsus4   **|C**   **|Em** **Am** **|Dm**
Following a rainbow.   Oh, oh, oh,   woh. Yeah.

Gsus4 **G**   **|C**   **|Em** **Am**
Yeah, yeah, yeah, yeah,   yeah.

   |Dm   **|Gsus4**   **G**
I know   I'm gonna find ya. I know,

Outro

    ‖**C** |**Em**   **Am**
I know I'm gonna find ya. I know   I'm gonna find ya.

    |**Dm** |**Gsus4** **G**
I'm nev - er gonna let you go.

    |**C** |**Em**   **Am**
I know I'm gonna find ya. I know   I'm gonna find ya.

|**Dm** |**Gsus4** **G**
I   won't let you go.

    |**C** |**Em**   **Am**
I'm fol - lowing, I'm fol - lowing,

    |**Dm** |**Gsus4**   **G**
I'm fol - lowing a rainbow. (I'm fol - lowing a rainbow.)

    |**C** |**Em**   **Am**
I'm fol - lowing, I'm fol - lowing,

    |**Dm** |**Gsus4**   **G**
I'm fol - lowing a rainbow. (I'm fol - lowing a rainbow.)

    |**C** |**Em**   **Am**
I'm fol - lowing, I'm fol - lowing,

    |**Dm** |**Gsus4**   **G**
I'm fol - lowing a rainbow. (I'm fol - lowing a rainbow.)

    |**C** |**Em**   **Am**
I'm fol - lowing, I'm fol - lowing,

    |**Dm** |**Gsus4**   **G**
I'm fol - lowing a rainbow. (I'm fol - lowing a rainbow.)

    |**C** |**Em**   **Am**
I'm fol - lowing, I'm fol - lowing,

    |**Dm** |**Gsus4**   **G** |**C**   ‖
I'm fol - lowing a rainbow. (I'm fol - lowing a rainbow.)

Droplets

Words and Music by
Colbie Caillat and Jason Reeves

(Capo 5th fret)

F   G   Am7   G/B   C/F   C   Am

Intro

| F | G | F | G | |
| F | G | F | G | |

Verse 1

F   G
I'm leaving you.
F   G
I'm not sure if that's   what I should do.
F   G
It hurts so bad.
F   G
I'm wanting you   but can't go back.
F   G
Trying to find,   to find
F   G
That all elu - sive piece of mind
F   G
Stuck here some - how,
F   G |Am7
Shrouded beneath   my fear and doubt,
     |G/B |C/F |
And I   don't need it.

Chorus 1

```
       ‖C                         |G/B
'Cause I'm walkin down this road      alone
         |Am7                  |F              |C
And I fig  -  ured all I'm think - ing 'bout is you,
       |G/B         |Am7        |F
Is you,      my love.
         |C                    |G/B                    |
My head is in a cloud      of rain, and the world,
Am7              |F              |C
    It seems so far      away, and I'm
     |G/B                |Am7
Just waiting to fall
         |F          |          |          ‖
In drop - lets, drop - lets.
```

Verse 2

```
     F                        |G          |
    Well, you left a mark
   F                          |G              |
    And I wear it proud - ly on my chest
   F                  |G          |
    Above my heart
   F                        |G              |
    To remind me that   I feel the best
   F                          |G          |
    When I'm with you.
   F            |G          |
    And everything   is effortless;
   F                |G          |
    You know it's   true.
   F            |G                  |Am7
    My eyes are painted with regret,
         |G/B      |C/F          |
And I      don't need it.
```

61

       ‖C |G/B

Chorus 2   'Cause I'm walkin down this road   alone

      |Am7 |F |C

And I fig - ured all I'm think - ing 'bout is you,

     |G/B |Am7 |F

Is you,   my love.

     |C |G/B |

My head is in a cloud   of rain, and the world,

Am7 |F |C

  It seems so far   away, and I'm

    |G/B |Am7

Just waiting to fall

     |F |Am |F |C

And sink   into your   skin.

    |G/B |Am

You   are like the rain - drops,

     |F |C |G/B | | ‖

The rain - drops falling down on me.

        F |G |

Outro   You left a mark. (You left a mark.)

        F |G |F

    She left a mark. (He left,)

      |G |F |G

She   left. (He left.)

      |Am7 |G/B |C/F | ‖

And I   don't (I don't) need it.

I Never Told You

Words and Music by
Colbie Caillat, Jason Reeves and Kara DioGuardi

(Capo 3rd fret)

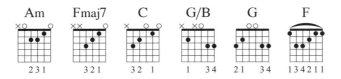

Am   Fmaj7   C   G/B   G   F

Intro

Am   Fmaj7 |C   G/B |Am   Fmaj7 |C   G   ‖

Verse 1

Am   F |C   G |
I miss those blue eyes, how you kiss me at night.

Am   F |C   G/B |
I miss the way we sleep

Am   F |C   G |
Like there's no sunrise. Like the taste of your smile.

Am   F |C   G
I miss the way we breathe.

Pre-Chorus

‖F |C
But I never told you what I should have said.

|F |C
No, I never told you; I just held it in.

Chorus 1

```
         G/B      ‖Am          F          |C         G
And now I miss every - thing about   you.
          |Am            F          |C        G         |
I can't believe that I still want   you
Am           F                |C        G              |
After all the things we've been   through.
Am           F             |C          G/B       |Am    F   |C       G      ‖
I miss every - thing about   you, without    you, woh.
```

Verse 2

```
Am           F          |C          G              |
    I see your blue eyes every time I close mine.
Am                F          |C       G/B          |
    You make it hard to see
Am              F          |C                G          |
    Where I be - long to. When I'm not a - round you,
Am              F          |C         G              |
    It's like I'm not with me.
```

Repeat Pre-Chorus

Chorus 2

```
         G/B      ‖Am          F          |C         G
And now I miss every - thing about   you. (Still you're gone.)
          |Am            F          |C
I can't believe that I still want   you
                                    G                              |
(I had my love; I knew I never should-a walked away.)
Am           F                |C
After all the things we've been   through.
                  G                              |
(I know it's never gonna come again.)
Am           F             |C          G/B           ‖
I miss every - thing about   you, without    you, woh.
```

Interlude   Am   F |C   G |Am   F |C   G

Repeat Pre-Chorus

Repeat Chorus 2

               Am   F |C   G |Am   F |C   G |

Outro   Am   F |C ||
                  Mm.

Fearless

Words and Music by
Colbie Caillat, Jason Reeves, Kara DioGuardi and Mikal Blue

(Capo 1st fret)

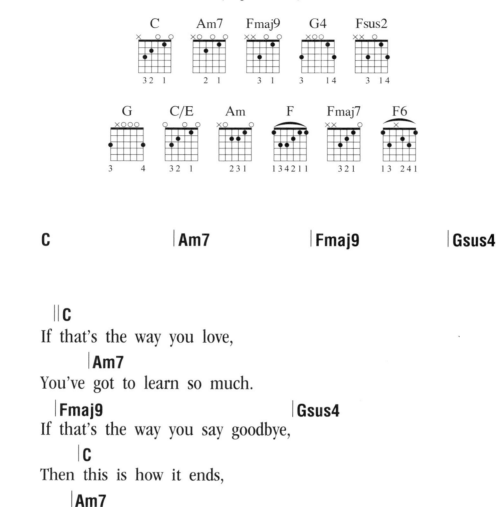

Intro C |Am7 |Fmaj9 |Gsus4

Verse 1

‖C

If that's the way you love,

|Am7

You've got to learn so much.

|Fmaj9 |Gsus4

If that's the way you say goodbye,

|C

Then this is how it ends,

|Am7

And I'm alright with it.

|Fmaj9 |Gsus4

You're never going to see me cry

|Fsus2 |G

'Cause I've   cried.

Chorus 1

    ‖**C**   **Am7**
So go on, go on and break my heart. I'll be okay;

        |**Fsus2**
There's nothing you can do to me

      |**Gsus4**   **G**
That's ever going to bury me.

    |**C**   **Am7**
So go on, go on and leave, my love.

            |**Fsus2**
Out on the street I'm fearless.

            |**Gsus4** |
You better believe I'm fearless, fearless.

C |**Am7** |
Oh, oh, oh, woh, woh, woh, oh, woh, woh, oh.

Fmaj9 |**Gsus4**
Woh, oh, woh, oh, oh, woh.

Verse 2

    ‖**C**
If this is how it hurts,

  |**Am7**
It couldn't get much worse.

  |**Fmaj9** |**Gsus4**
If this is how it feels to fall,

    |**C**
Then that's the way it is.

  |**Am7**
We live with what we miss.

  |**Fmaj9** |**Gsus4**
We learn to build another wall

    |**Fsus2**   **G**
Till it   falls.

Repeat Chorus 1

Bridge

      C/E   ‖**Am**
If it's between love   and losing,

               |**F** |
Or to never have known   the feeling,

C |**Gsus4**
I'd still side with love.

        |**Am7**
And if I end   up lonely,

         |**Fmaj7**   **F6** |
At least I will be   there knowing

C |**Gsus4** | ‖
I believed in love.

Chorus 2

C |**Am7**
Go on, go on and break my heart. I'll be okay;

   |**Fsus2**
I'm fearless.

             |**Gsus4**   **G** ‖
You better believe I'm fearless, fear - less.

Chorus 3

C |Am7

Go on, go on and break my heart. I'll be okay;

         |Fsus2

There's nothing you can do to me

       |Gsus4   G

That's ever going to bury me.

    |C |Am7

So go on, go on and leave, my love.

              |Fsus2

Out on the street I'm fearless.

              |Gsus4 |

You better believe I'm fearless, fearless.

C |Am7 |

Oh, oh, oh, woh, woh, woh, oh, woh, woh, oh.

Fmaj9 |Gsus4

Woh, oh, woh, oh, oh, woh.

Outro

G ||C

Go on and leave, my love.

           |Am7

Go on and leave,   my love.

           |Fmaj9

Go on and leave,   my love.

             |Gsus4   G |C ||

You better believe I'm fearless, fear - less.

Runnin' Around

Words and Music by
Colbie Caillat and Rick Nowels

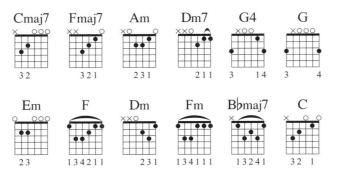

(Capo 2nd fret)

Intro

| Cmaj7 Fmaj7 | Cmaj7 Fmaj7 | Cmaj7 Fmaj7 | Cmaj7 Fmaj7 |

| Cmaj7 Fmaj7 | Cmaj7 Fmaj7 | Cmaj7 Fmaj7 | Cmaj7 Fmaj7 ||

Verse 1

Cmaj7   Fmaj7 |Cmaj7   Fmaj7 |Cmaj7 Fmaj7 |Cmaj7 Fmaj7
I'm just thinking 'bout the time when I met you,

  |Cmaj7   Fmaj7 |Cmaj7   Am |Dm7 |Gsus4   G |
And now I'm thinking 'bout how I can't for - get you.

Am   Em |F   G |
You had my heart from the start but it faded.

Am   Em |F   G |
  I needed space, wanted someone else.

Dm |Em |
I had to leave you just to realize that I miss you.

F |Fm
Now I don't know what I did.

Chorus 1

‖Cmaj7   Fmaj7 ‖Cmaj7   Fmaj7
I'm running around,   ba - by.

|Cmaj7   Fmaj7 |Cmaj7   Fmaj7
I'm running around   without   you, ba - by.

|Dm |Em
I'm running around all   over town.

|F
But I look everywhere and no one compares

|G |Cmaj7   Fmaj7 |
'Cause nothing's as good if I'm without you,   oh.

Cmaj7 Fmaj7 |Cmaj7 Fmaj7 |Cmaj7 Fmaj7 ‖

Verse 2

Cmaj7 Fmaj7 |Cmaj7   Fmaj7 |Cmaj7 Fmaj7 |Cmaj7 Fmaj7
I am hoping that you try to for - give me,

|Cmaj7 Fmaj7 |Cmaj7   Am |Dm7 |Gsus4 G |
And maybe we could fall in love again com - pletely.

Am   Em |F   G |
You have my heart; don't you ever for - get that.

Am   Em |F   G |
I'm coming back, boy; I promise you.

Dm |Em |
I had to leave you just to realize that I need you.

F |Fm   ‖
Now I'm changing, I can't take this

Chorus 2

Cmaj7   **Fmaj7** |**Cmaj7**   **Fmaj7**
Running around,   ba - by.
    |**Cmaj7**   **Fmaj7** |**Cmaj7**   **Fmaj7**
I'm running around   without   you, ba - by.
   |**Dm** |**Em**
I'm running around all   over town.
    |**F**
But I look everywhere and no one compares
     |**G** |**Cmaj7 Fmaj7** |**Cmaj7**
'Cause nothing's as good if I'm without you.

Bridge

      Fmaj7 ||**B♭maj7** |
Do you think that I
B♭maj7 |**Am** |
    Could have one more try?
Am |**Dm** |
   I promise you that I
Em |**G** | ||
   Will always stand by you 'cause I am through with

Chorus 3

Cmaj7   **Fmaj7** |**Cmaj7**   **Fmaj7**
Running around,   ba - by.
    |**Cmaj7**   **Fmaj7** |**Cmaj7**   **Fmaj7**
I'm running around   without   you, ba - by.
   |**Dm** |**Em**
I'm running around all   over town.
    |**F**
But I look everywhere and no one compares
     |**G**
'Cause nothing's as good.

Chorus 4

```
        ‖Cmaj7          Fmaj7 |Cmaj7    Fmaj7
I am  running  around,      ba  -  by.
         |Cmaj7          Fmaj7       |Cmaj7          Fmaj7
I'm running  around        without        you, ba  -  by.
         |Dm                      |Em
I'm running  around, got my feet     on the ground
          |F
And I'm missing your face. I'm going insane
         |G                              |Cmaj7 Fmaj7   |
'Cause nothing's as good if I'm without you,          oh.
Cmaj7 Fmaj7  |Cmaj7 Fmaj7  |Cmaj7

Fmaj7 |Dm                   |Em
I am   running  around all    over town.
          |F
But I look everywhere and no one compares
         |G                              ‖
'Cause nothing's as good if I'm without
```

Outro

```
Cmaj7 Fmaj7  |Cmaj7 Fmaj7  |Cmaj7 Fmaj7  |
You.
Dm              |Em              |F              |Gsus4  G    |C          ‖
```

Break Through

Words and Music by
Colbie Caillat and Rick Nowels

(Capo 4th fret)

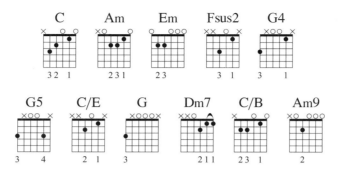

Intro
| C | |Am Em |Fsus2 |Gsus4 G5 ||

Verse 1
| C | |Fsus2   C/E |G |
| Why   is it so hard?

Dm7 |C
It was so long ago.

|**Fsus2**   C/E |G |
I   don't know where to start

Dm7 |Am
Or what to say to you.

|**Fsus2** |G5
I've been all   alone,

|C   C/B |Am
Need - ing you by my side.

|**Fsus2** |G5
But it's not   too late.

|**G5** ||
May - be we just needed time.

Chorus 1

```
        C              |Am   Em    |Fsus2
        Can we try     to let it go?
                 |Gsus4          G5      |C
If we don't,       then we'll never know.
                 |Am   Em    |Fsus2
I have tried      to break through,
                 |Gsus4          G5          ‖
But you know       that it's up to you.
```

Interlude

```
        C                |Am     Em    |Fsus2          |Gsus4    G5      ‖
```

Verse 2

```
        C              |Fsus2        C/E        |G           |
        They say       that time is meant to heal,
Dm7                          |C
        But it still hurts inside.
        |Fsus2              C/E        |G           |
I wish        that none of this was real
Dm7                            |Am
        'Cause we're so far behind.
                      |Fsus2       |G5
You've been all         alone,
        |C        C/B       |Am
Need - ing me by your side.
                      |Fsus2      |G5
But it's not       too late.
        |G5                          ‖
May - be we just needed time.
```

Repeat Chorus 1

Chorus 2

```
         C                    |Am       Em        |Fsus2
    And you know    that our love can grow,
                         |Gsus4     G5          |C
But this damned      river needs to flow.
                  |Am    Em          |Fsus2
I will try     to break through,
                     |Gsus4      G5           ||
But you know      that it's up to you.
```

Bridge

```
     Dm7          |                  |Am9
          It's time to make a stand.
         |Am9              |Fsus2
And maybe it won't last,
     |Fsus2                  |Gsus4       |G5        ||
But we should take this chance.            Oh.
```

Repeat Chorus 1

Repeat Chorus 2

Outro

```
     C          |Am   Em          |Fsus2
    I've tried     to break through,
             |Gsus4       G5            |
But you know      that it's up to you.
     C          |Am   Em          |Fsus2
    I've tried     to break through,
             |Gsus4     G5             |
But you know      that it's up to you.
     C          |Am   Em          |Fsus2
    I've tried     to break through,
             |Gsus4      G5        |C            ||
But you know      that it's up to you.
```

76

It Stops Today

Words and Music by
Colbie Caillat and Jason Reeves

(Capo 2nd fret)

G   D/F♯   Em   C   Am   D

Intro

|G | |D/F♯ | |Em | |C | |
|G | |D/F♯ | |Em | |C |

Verse 1

‖**G** |**D/F♯**
No, no, I, I, I, I,

|**Em** |**C**
I don't wanna break when I speak.

|**G** |**D/F♯**
I don't wanna shake while I'm standing.

|**Em**
I don't wanna crawl into another hole.

|**C**
I don't know what I'm hiding for.

|**G** |**D/F♯**
No, I, I, I, I,

|**Em** |**C**
I don't wanna fall when I stand.

|**G** |**D/F♯**
I don't wanna have to hold your hand.

|**Em**
I just wanna be the girl I used to be

|**C**
When I was me and worry-free.

|**Am** | |**D** |
And   I know these bur - dens are my own.

Chorus 1

```
       ‖G                          |D/F♯                              |Em
But I can't keep on running. No, I just can't keep on running away
              |C            |
From here.
G                         |D/F♯
I know that the only way to beat it is by fighting
       |Em      |C          |
My ev - 'ry fear.
G                         |D/F♯                      |Em       |C
I'm not going to make it till I turn around and face it alone.   I know
       |G                   |D/F♯                    |Em
That I can't keep running. No, I just can't keep on running away.
           |C      |G      |D/F♯     |Em       |C
So it stops   today.
```

Verse 2

```
              ‖G                    |
So here I am. I'm taking my first step.
D/F♯                         |Em              |
    Thought I was losing balance but I caught myself.
C                         |G                |D/F♯
 I kind of like the challenge; no, I don't need help.
         |Em
I'm gonna make it past the very start.
    |C
It's always been my hardest part.
    |G       |D/F♯
But I, I, I, I,
              |Em        |C
I am gonna to stay in control.
              |G           |D/F♯
I must admit this crutch is getting old.
         |Em
I am gonna throw it right out of my hand.
    |C
I'm finally here. I understand
    |Am          |                |D        |         ‖
And    I know I'll get  there on my own.              So
```

78

Chorus 2

G |D/F♯ |Em

I can't keep on running. No, I just can't keep on running away

                   |C |

From here.

G |D/F♯

I know that the only way to beat it is by fighting

         |Em |C |

My ev - 'ry fear.

G |D/F♯ |Em |C

I'm not going to make it till I turn around and face it alone.   I know

         |G |D/F♯ |Em

That I can't keep running. No, I just can't keep on running away.

            |C ||

So it stops   today.

Bridge

Em |D/F♯ |C | |

    You can hide   from all the pain,

Em |D/F♯ |C |

    But it will find   you anyway.

                   |Am |

Yes, I know.

                        |D | ||

Now I know   that

Rpeat Chorus 2

Breakin' at the Cracks

Words and Music by
Colbie Caillat and Jason Reeves

(Open D tuning; low to high: D-A-D-F♯-A-D)

(Capo 1st fret)

D Em7add4 Dmaj7/F♯ Aadd4 Bm7 Gadd2

Intro

D |Em7add4 |Dmaj7/F♯ |Aadd4 |

D |Em7add4 |Dmaj7/F♯ |Aadd4 ‖

Verse 1

D |Em7add4 |Dmaj7/F♯
I think you took   my heart away
   |Aadd4 |
When you said you're leaving.

D |Em7add4 |Dmaj7/F♯
'Cause right now, I   am hurting
|Aadd4 |
All over again.

D |Em7add4 |Dmaj7/F♯
I never thought   that I'd be in   this place;
   |Aadd4 |
It's a   mistake.

D |Em7add4
And now, I   don't know
|Dmaj7/F♯ |Aadd4 | ‖
How   much more that I can take.

Chorus 1

Em7add4 | | Dmaj7/F♯ | |
I'm breaking at the cracks,

Em7add4 | | Dmaj7/F♯ | |
And everything goes black.

Em7add4 | | Dmaj7/F♯ | |
It's anoth - er heart attack,

Em7add4 | | Dmaj7/F♯ | |
And I can't handle that.

Em7add4 | ||
Woh,   love, I need you back.

Interlude 1

D | |Em7add4 | ||

Verse 2

D |Em7add4 | Dmaj7/F♯
I know that I'll   get through this.

     |Aadd4 |
I'm feeling stronger somehow.

D |Em7add4 |Dmaj7/F♯
I got my feet   back on the ground

    |Aadd4 |
And I'm turning around.

D |Em7add4 |Dmaj7/F♯
And I'll be ev - 'rything you al - ways said

    |Aadd4 |
That I   could be

D |Em7add4
If only you'd   be waiting

    |Dmaj7/F♯ |Aadd4 | ||
Right   here for me patiently.

Repeat Chorus 1

Interlude 2   Bm7 |Aadd4 |Gadd2 |

Bridge

    ‖**Bm7** |**Aadd4**
Oh, nev - er would I take   it back.

           |**Gadd2** |
My heart   was filled with love. And I

       |**Bm7** |**Aadd4**
Will wipe   these tears and I   will laugh.

  |**Gadd2** | |**Bm7** |**Aadd4** |**Gadd2** |
If only I could make it last,

Gadd2 |**Bm7** |**Aadd4** |**Gadd2** | ‖
Make it last.

Chorus 2

Em7add4 | |**Dmaj7/F♯** | |
        I'm breaking at the cracks,

Em7add4 | |**Dmaj7/F♯** | |
     And everything goes black.

Em7add4 | |**Dmaj7/F♯** | |
     It's anoth - er heart attack,

Em7add4 | |**Dmaj7/F♯** | |
     And I can't handle that.

Em7add4 | ‖
Woh, woh, woh, love, I need you back.

Outro

```
        D        |                    |Em7add4   |
                      I  need  you  back,
        Em7add4                |Dmaj7/F♯  |
                      I  need  you  back,
        Dmaj7/F♯                 |Em7add4   |         |Dmaj7/F♯ |
                      I  need  you  back,
        Dmaj7/F♯                 |Em7add4   |         |Dmaj7/F♯ |          |Em7add4  |
                      I  need  you  back,              Oh,
        Em7add4                 |Dmaj7/F♯  |
                      I  need  you  back,
        Dmaj7/F♯                 |Em7add4   |
                      I  need  you  back,
        Em7add4                  |Dmaj7/F♯  |          |Em7add4   |
                      I  need  you  back,
        Em7add4           |Dmaj7/F♯       |
                      I  need  you       back,
        Dmaj7/F♯                 |Em7add4   |
                      I  need  you  back.
        Em7add4                  |Dmaj7/F♯  |
                      Love,  I  need  you,
        Dmaj7/F♯          |Em7add4  |
        Love,  I  need  you  back,
        Em7add4                  |Dmaj7/F♯  |
                      I  need  you  back,
        Dmaj7/F♯                 |Em7add4   |          |D        ||
                      I  need  you  back.
```

Stay with Me

Words and Music by
Colbie Caillat and Stacy Blue

G   Cadd9   Em7

Intro

G |Cadd9 |G |Cadd9 ||

Verse 1

G |Cadd9 |
We simply fit together   like a piece of apple pie.

G |Cadd9 |
I will be vanilla ice   cream and I'll sing you lullabies.

G |Cadd9 |G
I will love you in the moon - light and I'll love you in the day,

|Cadd9 ||
Al - ways.

Verse 2

G |Cadd9 |
I love the time we spend, like a watch from an old friend.

G |Cadd9 |
I will help you keep your smile.   Promise me you'll stay awhile.

G |Cadd9 |G
I will come when you need   and I'll help you when I can,

|Cadd9 ||
When I   can.

Chorus

G |Cadd9 |
Stay with me.

G |Cadd9 |
Promise me you're never gonna leave.

G |Cadd9
Stay with me,   yeah.

    |G |Cadd9
Let's try to be the best that we can be,

           |G
And take our time.

       |Cadd9 |G |Cadd9 ||
Ooh, ooh.

Verse 3

G |Cadd9 |
  We always joke together,   laugh till we're rolling on the floor.

G |Cadd9 |
  I like the way you dance around   when you're running for the door.

G |Cadd9 |G
  I will come to visit you   even when we're old and gray,

  |Cadd9 | ||
Al - ways.

Verse 4

G |
  I love the way you make me feel.

Cadd9 |
  When you're asleep, I'll take the wheel.

G |Cadd9 |
  Make sure to call when you get home   when you're driving on the road.

G |Cadd9 |G
  I will come to you in need   and I'll help you when I can,

    |Cadd9 ||
When I   can. So

Repeat Chorus

Bridge

Em7 |Cadd9 |

    I'll come to you in need   and I'll help you when I can.

G |Cadd9 |

    I will help you when I can.

Em7 |Cadd9 |

    I'll come to you in need   and I'll help you when I can.

G |Cadd9

    I will help you when I can.

        |G |Cadd9 |G |Cadd9 ||

Oh, ay,   ay, ay, ay.   So

Repeat Chorus

Outro   G |Cadd9 |G |Cadd9 |G ||

Brighter Than the Sun

Words and Music by
Colbie Caillat and Ryan Tedder

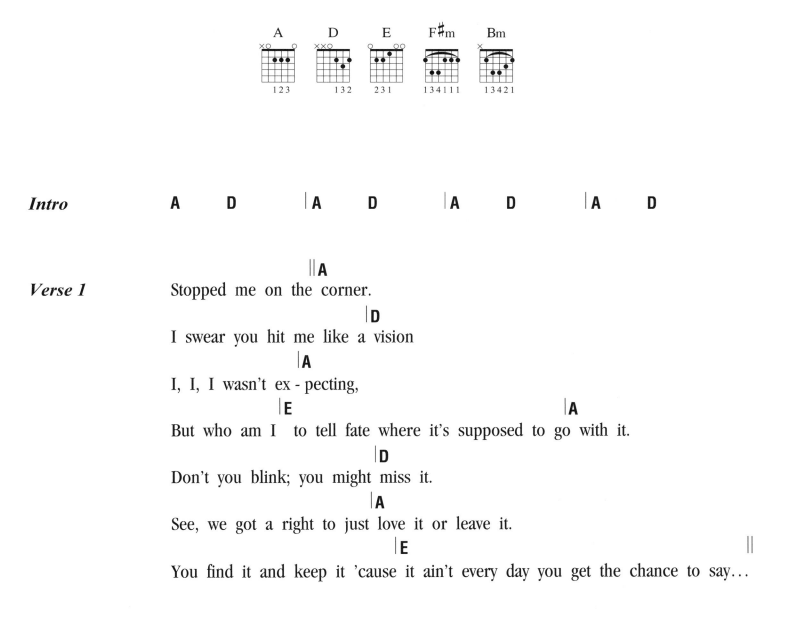

Intro   A   D |A   D |A   D |A   D

Verse 1

          ‖A
Stopped me on the corner.

         |D
I swear you hit me like a vision

     |A
I, I, I wasn't ex - pecting,

      |E |A
But who am I to tell fate where it's supposed to go with it.

          |D
Don't you blink; you might miss it.

        |A
See, we got a right to just love it or leave it.

        |E   ‖
You find it and keep it 'cause it ain't every day you get the chance to say…

Chorus 1

A |D |A

Oh, this is how it starts.   Lightning strikes the heart;

                    |E |

It goes off like a gun, brighter than the sun.

A |D |F♯m

Oh, it could be the stars   falling from the sky,

                 |E

Shining how we want,

Tacet |A   D |A   D

Brighter than the sun.

           ||A

Verse 2

I never seen it,

                     |D

But I found this love; I'm gonna feed it.

                |A

You better believe I'm gonna treat it

                 |E |

Better than anything I've ev - er had 'cause you're so damn beautiful.

A |D

Read it; it's signed and delivered. Let's seal it,

                |A

For we go together like peanuts and Pay-Days, Marley and reggae,

  |E ||

And everybody needs to get a chance to say…

Chorus 2

```
A                      |D                           |A
Oh, this is how it starts.   Lightning strikes the heart;
                       |E                         |
It goes off like a gun,   brighter than the sun.
A                      |D                       |F#m
Oh, it could be the stars   falling from the sky,
                       |E
Shining how we want,
Tacet                  |A        D        |A        D        ||
Brighter than the sun.
```

Bridge 1

```
F#m                              |D                              |
   Everything is like a whiteout,  'cause we shick-a, shick-a shine down,
A                                  |E                           |
   Even when the, when the light's out,   but I can see you glow.
F#m                              |D                     |
   Got my head up in the rafters.   Got me happy ever after.
Bm                       |           D            ||
   Never felt this way before.   Ain't felt this way before.
```

Verse 3

```
Tacet                        |
        Swear you hit me like a vision
                      |
I, I, I wasn't ex - pecting,
                      |                              ||
But who am I   to tell fate where it's supposed to go.
```

Chorus 3

A |D |A
Oh, this is how it starts.   Lightning strikes the heart;

                                  |E |
It goes off like a gun,   brighter than the sun.

A |D |F♯m
Oh, we could be the stars   falling from the sky,

                                  |E
Shining how we want,

Tacet ||
Brighter than the sun.

Repeat Chorus 3

Bridge 2

A   D |
Brighter than the sun.

A   D |
Brighter than the sun.

A   D |
Brighter than the sun.

A |D |A |E ||

Outro

```
       A                       |D                              |F♯m
       Oh, this is how it starts.    Lightning strikes the heart;
                            |E                        |
       Goes off like a gun,    brighter than the sun.
       A                       |D                              |A
       Oh, this is how it starts.    Lightning strikes the heart;
                            |E                        |
       Goes off like a gun,    brighter than the sun.
       A                       |D                              |F♯m
       Oh, this is how it starts.    Lightning strikes the heart;
                            |E                        |
       Goes off like a gun,    brighter than the sun.
       A                       |D                              |A
       Oh, this is how it starts.    Lightning strikes the heart;
                        |E  Tacet                ||
       Goes off like a gun,    brighter than the sun.
```

I Do

Words and Music by
Colbie Caillat and Toby Gad

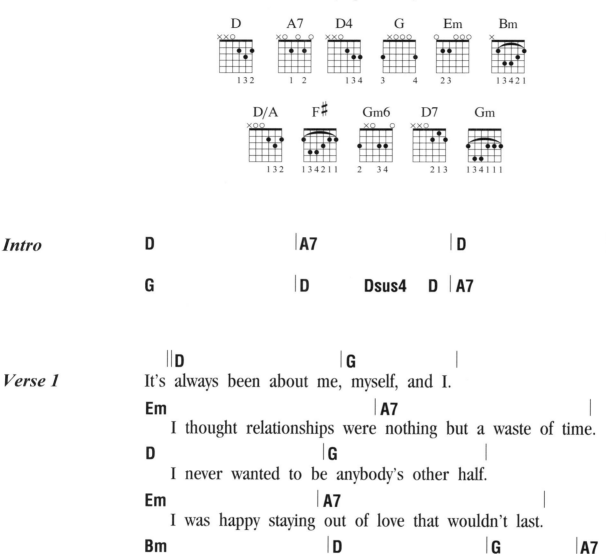

(Capo 7th fret)

Intro

| D | |A7 | |D | |

| G | |D | Dsus4 D |A7 |

Verse 1

‖D |G |
It's always been about me, myself, and I.

Em |A7 |
I thought relationships were nothing but a waste of time.

D |G |
I never wanted to be anybody's other half.

Em |A7 |
I was happy staying out of love that wouldn't last.

Bm |D |G |A7 |
That was the only way I knew till I met you.

Chorus 1

                  ‖**D**

You make we wanna say I do, I do,

 |**G** |**Em** |**A7**

I do, do do do do do do do.

       |**D**

Yeah, I do, I do,

 |**G** |**Em** |**A7**

I do, do do do do do do do.

     |**Bm** |**D**

'Cause every time before it's been like, maybe yes and maybe no;

G |**A7**

  I could live without it, I could let it go.

Bm |**D** |**Em**

Ooh, what did I get   myself into?

A7 |**D** |**A7**

  You make we wanna say I do,   I do,

  |**D** |**G** |**D**   **Dsus4 D** |**A7**   ‖

I do,   I do,   I do,   I do.

Verse 2

D |**G**

Tell me, is it only me? Do you feel the same?

Em |**A7**

  You know me well enough to know that I'm not playing games.

D |**G**

  I promise I won't turn a - round and I won't let you down.

Em |**A7**

  You can trust I've never felt it like I feel it now.

Bm |**D/A** |**Em** |**A7**

Baby, there's nothing, there's nothing we can't get through.

Chorus 2

‖**D**

So can we say I do, I do,

|**G** |**Em** |**A7**

I do, do do do do do do do?

          |**D**

Oh, baby, I do, I do,

|**G** |**Em** |**A7**

I do, do do do do do do do.

    |**Bm** |**D/A** |

’Cause every time before it’s been like, maybe yes and maybe no;

Em |**A7** |

    I won’t live without it.   I won’t let it go.

Bm |**D/A** |**Em** |**A7**

What more can I get   myself into?

Bridge

                       ‖**Em** |

You make we wanna say meet my family.

A7 |**F♯** |**Bm** |

How’s your family?   Ooh, can we be a family?

Em |**A7**

   And when I’m eighty years old,

                 |**Bm** |**G** |

I’m sitting next to you,

Gm6 |

    And we’ll remember when we   said

Chorus 3

‖**D**

I do, I do,

|**G**　　　　　　　　　|**Em**　　　|**A7**

I do, do do do do do do do.

　　　　　　　|**D**

Oh, baby, I do, I do,

|**G**　　　　　　　　　|**Em**　　　|**A7**

I do, do do do do do do do.

　　　|**Bm**　　　　　　　　　　　　|**D/A**　　　　　　　　　|

’Cause every time before it’s been like, maybe yes and maybe no;

G　　　　　　　　　|**A7**　　　　　　　|

　 I won’t live without it.　 I won’t let us go.

Bm　　　　　　　　　|**D/A**　　　　|**Em**　　　|

Just look at what we got　　ourselves into.

A7　　　　　　　　　　|**D**　　　|**A7**

　 You make we wanna say I　do,　　I do,

　|**D**　**D7**　|**G**　**Gm**　|**D**　　**Dsus4**　**D**　|**A7**　　|**D**　　　　‖

I do,　　I do,　　I do,　　　　I　do,　　love you.

Before I Let You Go

Words and Music by
Colbie Caillat and Rick Nowels

C   G   Am7   Fmaj7   Em7   Dm7   Em   Am

Intro

C |G   Am7 |Fmaj7 | |

C |G   Am7 |Fmaj7 |

Verse 1

    ‖C |G
Boy, I see you looking over;
    Am7 |Fmaj7 |
You keep on looking back at what you knew.
    |C |G
When will you come closer,
Am7 |Fmaj7 |
Closer to the one that's good for you?
    |Am7 |Em7
'Cause you're still going back to that life
    |Dm7 |
And I re - fuse to stand on the side
    |Am7 |Em7
By sparing her from heartache.
    |Dm7 | G
Don't you know you end up hurting me?

Chorus 1

‖**C**
I see your head spinning right around.

|**G**   **Am7** |
She makes you fall hard and hit the ground.

Fmaj7
When you ever gonna let her go?

|**Fmaj7** |
I see the way that she breaks you so.

C
All I'm asking is for you, please,

|**G**   **Am7** |
To take control and be set free.

Fmaj7 |
Make the space so we can grow.

Fmaj7 |**C**
Save us before I let you go.

           |**G**   **Am7** |**Fmaj7** |
Ooh, woh.   Ooh, woh.

Verse 2

‖**C**   **G**
So you say this will get better.

Am7 |**Fmaj7** |
Better for you, her, or me?

      |**C**   **G**
Well, I don't know what to tell ya.

   Am7 |**Fmaj7** |
It's not my fault that I don't believe.

        |**Am7** |**Em7**
'Cause you're still so stuck in that life

       |**Dm7** |
And I re-fuse to stay on this ride.

        |**Am7** |**Em7**
'Cause we're going 'round in circles.

           |**Dm7** | **G**
Aren't you tired of never having peace?

Chorus 2

‖**C**
I see your head spinning right around.

|**G**   **Am7** |
She makes you fall hard and hit the ground.

Fmaj7
When you ever gonna let her go?

|**Fmaj7** |
I see the way that she breaks you so.

C
All I'm asking is for you, please,

|**G**   **Am7** |
To take control and be set free.

Fmaj7 |
Make the space so we can grow.

Fmaj7   ‖
Save us before I let you go.

Bridge

Em |**Am** |
I have been waiting for you to change this,

Dm7 |**G**
But it has taken too long,

|**Em** |**Am**
So I can't keep waiting; I've got to change this.

|**Dm7** |**G**
It's hard for me to have to be so strong.

Repeat Chorus 2 (2x)

Outro

```
C                   |G          Am7              |Fmaj7
Baby, I, baby, I, baby, I, ba - by, I don't wanna let you go.
                    |Fmaj7           |
I don't wanna let you go.
C                   |G          Am7              |Fmaj7
Baby, I, baby, I, baby, I, ba - by, I don't wanna let you go.
                    |Fmaj7           |
I don't wanna let you go.
C              |G        Am7      |Fmaj7
   Oh, no.              Oh, no.
   |Fmaj7                           |C           ||
No, I don't ever wanna let you go.
```

Favorite Song

Words and Music by
Colbie Caillat, Ryan Tedder and Common

(Capo 1st fret)

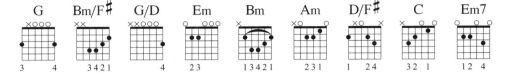

Chorus 1

G   **Bm/F♯**
I wanna be your favorite song.

G/D
You can turn it up, play me all night long.

G   **Bm/F♯**
I wanna be your favorite song.

G/D
La la la la la la la la la.

Verse 1

Em   **Bm**
We on our way back,   we wanna play back.

Am
We on some new plus old; never change that.

Em   **Bm**
We on a new tip: GOOD Music.

Am
We see the pen and the paper; we gonna use it.

Em   **Bm**
It takes some late nights   to get them bright lights.

Am
We keep rocking them songs to live that good life.

Em   **Bm**
I do it for you,   I do it for me.

Am
We break it down. Colbie, tell them the story.

Verse 2

   Em   Bm |
Listen, can you hear me?

Am |
Am I coming in on your frequency?

Em   Bm |
I got a story;

Am |
Subject of the plot: you and me.

Em   Bm |
And when you sleeping   and when you waking

Am |
And when you're feeling good,

Em   Bm |
I'll be the thing that   you want to sing back,

Am ||
Stuck in your head like I knew you would.

Chorus 2

G   D/F♯ |
I wanna be your favorite song.

C |
You can turn it up, play me all night long.

G   D/F♯ |
I wanna be your favorite song.

C |
La la la la la la la la la.

G   D/F♯ |
I wanna be your melody

C   Em7   G/D |
Flowing through your head when you think of me.

G   D/F♯ |
I wanna be your favorite song.

C |
La la la la la. You'll be singing like…

Em   Bm |
Ooh, ooh, ooh, ooh. *Turn it up, turn it up.*

Am |
Ooh, ooh, ooh, ooh. You'll be singing like…

Em   Bm | Am ||
Ooh, ooh, ooh, ooh.   Ooh, ooh, ooh, ooh.

Verse 3

Em   **Bm**
   Oh, baby, can you feel me?

Am
I'm the kick drum that gets your heart to beat.

Em   **Bm**
   I gotta have you near me.

Am
You can count me in to every song I sing.

Em   **Bm**
   When you're sleeping   and when you're waking

Am
   And when you're feeling good,

   Em   **Bm**
Feeling good. I'll be the one that   you want to come back,

Am
   Stuck in your head like I knew I would.

Verse 4

Em   **Bm**
   We on our way back.   We on the playback.

Am
   We on some new plus old; never change that.

Em   **Bm**
   We on our way back.   We on the playback.

Am   **Tacet**
Playback, playback, pl - pl - pl - pl - playback.

Repeat Chorus 2

Verse 5

‖**Em**   **Bm**
Girl, the songs you sing,

|**Am**
They my favorite things.

|**Em**   **Bm**
You stay in my dreams,

|**Am** |
Some - thing supreme. *Uh.*

Em   **Bm** |
Love is the key, and it's major like C.

Am |
COMMON and Colbie, I'm dusting off the old me.

Em   **Bm** |
Like a old L - P, we call them oldies.

Am
In your melodies I'm hearing things you never told me.

|**Em**   **Bm**
We stay in tune with each other. In our room we discover

|**Am** |
New ways to do covers, no matter how they dub us.

Em   **Bm**
We can stay true to the trust,

|**Am**   ‖
And the winner of the best duo is us. Uh.

Chorus 3

```
G                      Bm/F♯          |
   I wanna be your favorite song.
G/D                                      |
You can turn it up, play me all night long.
G                      Bm/F♯        |
   I wanna be your favorite song.
G/D                      |
La la la la la la la la la.
G                      D/F♯      |
   I wanna be your melody
C                                      Em7      G/D |
Flowing through your head when you think of me.
G                D/F♯            |
   I wanna be your favorite song.
C                                      |
La la la la la. You'll be singing like…
G              D/F♯                        |
Ooh, ooh, ooh, ooh. *Turn it up, turn it up.*
C                                      |
Ooh, ooh, ooh, ooh. You'll be singing like…
G              D/F♯                |C                          ‖
Ooh, ooh, ooh, ooh. *Turn it up, dog.* Ooh, ooh, ooh, ooh.
```

Outro

G   D/F♯ |
All I wanna, all I wanna, all I wanna say is

C |
I just wanna sing to you every day.

G   D/F♯ |
All I wanna, all I wanna, all I wanna say is

C |
La la la la la.

G   D/F♯ |
All I wanna, all I wanna, all I wanna say is

C |
I just wanna sing to you every day.

G   D/F♯ |
All I wanna, all I wanna, all I wanna say is

C   ‖
La la la la la.

What If

Words and Music by
Colbie Caillat, Jason Reeves and Rick Nowels

A G#m F#m E C#m Asus2 B7sus4 B

Intro

A G#m |F#m E |A G#m |F#m C#m ||

Verse 1

A G#m |F#m E |A G#m
    I see   you stand - ing over there.

|F#m E |A G#m
You look   around without a care.

|F#m E
I   pretend you notice me;

|A G#m |F#m E ||
I look in your eyes and I'm what you see.

Pre-Chorus 1

C#m | |G#m |
    Is it made up in   my mind?

G#m |Asus2 |
Am I just wast - ing time?

Asus2 |B7sus4 | ||
    I think this could   be love; I'm se - rious.

Chorus

```
       A  G♯m            |F♯m      E          |
       What if we were made for each other,
       A  G♯m            |F♯m      C♯m         |
       Born to become best friends and lovers?
       A   G♯m              |F♯m        E
       I want to stay right      here in this moment
            |A        G♯m      |F♯m     C♯m          |
With you over and over and o - ver again.
       A  G♯m  |F♯m       E        |A     G♯m      |F♯m C♯m      ||
       What if this could be  real love,  love,      love?      Yeah.
```

Verse 2

```
       A  G♯m        |F♯m           E               |A    G♯m
           I write      our names down in the sand,
        |F♯m      E            |A    G♯m
Pic  -  turing  all our plans.
         |F♯m        E           |A
I close      my eyes and I can see you,
         G♯m                  |F♯m     E         ||
And you ask, "Will you mar - ry me?"
```

Pre-Chorus 2

```
       C♯m          |                |G♯m            |
                Is it made up in       my mind?
       G♯m                   |Asus2           |
          Am I crazy just wast   -   ing time?
       Asus2                 |B7sus4              |            ||
          I think this could        be love; I'm se - rious.
```

Repeat Chorus

Bridge

```
      F#m   C#m      |B   E
I don't know what  to think.
   |F#m    C#m       |B  E
Is      this real or just  a dream?
   |F#m   C#m        |B       E
In     my heart is where  you'll be.
      |Asus2               |        |B        |N.C.      ||
I'll        keep waiting till   we meet.
```

Repeat Chorus

Outro

```
      A   G#m             |F#m       E              |
      Boy, you  know  you  really make  my heart stop,
A        G#m     |F#m   C#m        |A    G#m
Stop,       stop.
         |F#m      E           |A    G#m
Oh, what     if this is real love?
         |F#m       C#m        |A    G#m
Oh, what     if this is real love?
       |F#m          E          |A        G#m          |
Oh, boy,     you make my heart stop,   you make my heart stop,
F#m           C#m         |A    G#m
      You  make  my heart stop.
     |F#m   E       |A    G#m
Yeah.
     |F#m   C#m   |A    G#m
Oh,     oh,     oh.
     |F#m   E  |A    G#m
Oh,     oh, oh,      oh.
     |F#m   C#m   |A    G#m      |F#m     E      ||
Oh,     oh,     oh.                       Yeah.
```

Shadow

Words and Music by
Colbie Caillat and Justin Young

(Tune down one half step; low to high: E♭-A♭-D♭-G♭-B♭-E♭)

F   C   Am   G   Fmaj9

Intro   F |C |Am |G |

               F |C |Am |G ||

Chorus 1

F |C |
     If you wanna leave, then just go
Am |G |
     'Cause I can't get no sun in your shadow.
F |C |
     If you ain't gonna love me or fight me,
Am |G |F |C |Am |
     Then I'm gonna turn the other cheek and go,   go,   go.

Verse 1

                 ||Fmaj9 | |
     'Cause I've been hanging on the telephone lines   that you always told me,
Am |
     And now I can't let go.
               |Fmaj9 |
I've been liv   -   ing off the last time you warned me with your words.
     |Am | |C |G ||
I'm tired and I'm getting cold,   cold.

Chorus 2

F |C |

If you wanna leave, then just go

Am |G |

'Cause I can't get no sun in your shadow.

F |C |

If you ain't gonna love me or fight me,

Am |G |F |C |Am

Then I'm gonna turn the other cheek and go,   go,   go.

   |G |F |C |Am |G

Turn the other cheek and go,   go,   go.

Bridge

                ‖F

'Cause every time I push,

 |F | | |G | | |

You pull me just close e‑nough to keep me here.

              |F

So pull your anchor up

 |F | | |G |

And head to shore or sail away.

  |G | |F |C |Am |G

Oh.   If you wanna leave,

        |F |C |Am |G

If you wanna leave,

        |F |C |Am |G

Then just go.

Verse 2

               ‖Fmaj9 | |

'Cause I've been hanging on the telephone lines that you always told me,

Am |

And now I can't let go.

        |Fmaj9 |

I've been liv - ing off the last time you told me you would try

 |Am | |C |G   ‖

But, boy, this is getting old, so old.

Chorus 3

```
      F           |C              |
      If you wanna leave, then just go
Am                   |G                 |
      'Cause I can't get no sun in your shadow.
F                  |C              |
      If you ain't gonna love me or fight me,
Am               |G                        |F    |C    |Am        |
      Then I'm gonna turn the other cheek and go,    go,    go.
      |G                        |F    |C    |Am
Turn   the other cheek and go,    go,    go.
```

Outro

```
            |G              ||F    |C    |Am
I'll be bet - ter off alone,
      |G            |F    |C    |Am    |G    |
Bet - ter off alone.
F          |C              |Am          |G              |

F          |C              |Am          |G        |Fmaj9    ||
```

Think Good Thoughts

Words and Music by
Colbie Caillat, Toby Gad and Kara DioGuardi

(Capo 3rd fret)

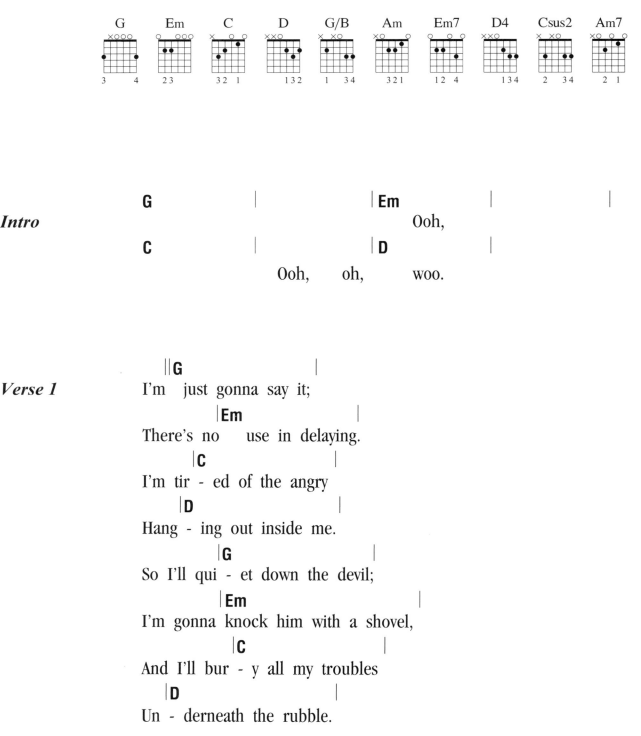

Intro

G | |Em | |
C | |D |

Ooh,
Ooh, oh, woo.

Verse 1

‖G |
I'm just gonna say it;
|Em |
There's no use in delaying.
|C |
I'm tir - ed of the angry
|D |
Hang - ing out inside me.
|G |
So I'll qui - et down the devil;
|Em |
I'm gonna knock him with a shovel,
|C |
And I'll bur - y all my troubles
|D |
Un - derneath the rubble.

Pre-Chorus 1

‖**C**   **G/B** |**Am** |
When I'm a - lone in my dark, dark room,

C   **G/B** |**D** | ‖
I have to tell myself to

Chorus 1

C |**G**
Think good thoughts, think good thoughts.

|**D** |**Em** |
I - magine what the world would be if we, we, we, we just

C |**Em7** |**D** |**Dsus4** **D**
Think good thoughts, starve the bad from feed - ing. Oh,

|**C** |**G**
I won't let the negativity turn me into my enemy,

|**D** |**Em** |**C**
And promise to myself that I won't let it get the best of me.

|**G** |**D** |
That's how I want to be.

Dsus4   **D** |**C** |**G** |**D** |
   Na na na na na na na na na na na na na na na.

Em |**C** |**G** |**D** |
   Na na na na na na na na na na na na na na na.

Verse 2

‖**G** |
I'm not saying that it's easy,

|**Em** |
Espe - cially when I'm moody.

|**C** |
I might be cursing like a sailor

|**D** |
Till I remind myself I'm better.

|**G** |
'Cause words can be like weapons,

|**Em** |
Oh, when you use them, you regret them.

|**C** |
Oh, but I'm not gonna let them,

|**D** |
Take away my heaven.

Pre-Chorus 2

‖**C**   **G/B** |**Am**
And when I start feeling blue,

 |**C**   **G/B** |**D** | ‖
I re - member to tell myself to,   woh,

Chorus 2

C |**G**
Think good thoughts, think good thoughts.

 |**D** |**Em** |
I - magine what the world would be if we, we, we, we just

C |**Em7** |**D** |**Dsus4** **D**
Think good thoughts, starve the bad from feed - ing. Oh,

  |**C** |**G**
I won't let the negativity turn me into my enemy,

 |**D** |**Em** |**C**
And promise to myself that I won't let it get the best of me.

  |**G** |**D** |**Dsus4**
That's how I want to be.

Bridge

   D ‖**Csus2** |**G/B** |**Am7**
I just think of rain on a summer night, stars filling up the sky,

 |**Em7** |**Csus2** |
The sun shining on my face, making a secret wish,

G/B |**Am7** |
Finding my happiness

G/B |**Csus2** |**G/B** |**Am7** |**G/B**
That always makes me hold my head up high.

  |**Csus2** |**G/B** |**Am7** |**D**
I wanna hold my head up high.

Chorus 3

‖**C** |**G**
Oh, I wanna think good thoughts. Oh,

|**D** |**Em** |**C** |
I - magine what the world would be if we, we, we, we just...

Em7 |**D** |**Dsus4** **D**
Wouldn't that be some - thing? Oh,

      |**C** |**G**
I won't let the negativity turn me into my enemy,

  |**D** |**Em** |**C**
And promise to myself that I won't let it get the best of me.

     |**G** |**D** |
That's how I want to be.

Dsus4   **D** |**C** |**G** |**D** |
  Na na na na na na na na na na na na na na na.

Em |**C** |**G** |**D** |
 Na na na na na na na na na na na na na na na.

G |**C** |**G** |**D** |
 Na na na na na na na na na na na na na na na.

Em |**C** |**G** |**D** |
 Na na na na na na na na na na na na na na na.

Em |**C** |**G** |**D** |
 Na na na na na na na na na na na na na na na.

Em |**C** |**G** |**Tacet** ‖
 Na na na na na na na na na na na na na na na.

Like Yesterday

Words and Music by
Colbie Caillat, Jason Reeves and Justin Young

| D | A/C♯ | Bm | G | Em9 | A |

Intro

D   A/C♯ | Bm | G | |

D   A/C♯ | Bm | G | ||

Verse 1

                         D   A/C♯ |
      I remember like yesterday, I

A/C♯   Bm | G |
      Carried a heart without hope.

      D   A/C♯ |
      I'd given given up on mystery; I

A/C♯   Bm | G |
      Only saw mirrors and smoke.

Em9   A | |
      Thought I was fine alone.

Em9   A | ||
      That's just because I   didn't know.

Chorus 1

D   **A/C♯** |
I remember like yesterday,

A/C♯   **Bm** |
Loving you seemed far away.

Bm   **G** |
We were friends in different plac - es,

G |
Then love began leaving traces.

D   **A/C♯** |
Sitting with you on a crowded bus,

A/C♯   **Bm** |
It seemed like just the two of us.

Bm   **G** |
That night everything was changed.

G |
I remember like yesterday.

D   **A/C♯** | **Bm** | **G** | ‖
Oh, oh, oh,   oh,   oh, oh.

Verse 2

D   **A/C♯** |
I was living in black and white, a

A/C♯   **Bm** | **G** | |
Careful and colorless life.

D   **A/C♯** |
You are like a neon light

A/C♯   **Bm** | **G** | |
Shined through my closed eyes.

Em9   **A** | |
All the right ones, they turned out wrong,

Em9   **A** | ‖
But you were here all along.

Chorus 2

D   A/C♯ |
I remember like yesterday,

A/C♯   Bm |
Loving you seemed far away.

Bm   G |
We were friends in different plac - es,

G |
Then love began leaving traces.

D   A/C♯ |
Little folded up love letters,

A/C♯   Bm |
Sweet songs written for each other.

Bm   G |
Everything was about to change.

G ||
I remember like yesterday.

Bridge

Em9   A | |D G | |
You came just in time   for me.

Em9   A | |D G |
You changed my mind   so eas - i - ly.

                   |G | ||
Now it's you and me.

Chorus 3

     D   **A/C♯** |
I remember like yesterday,

A/C♯   **Bm** |
Loving you seemed far away.

Bm   **G** |
We were friends in different plac - es,

G |
Then love began leaving traces.

D   **A/C♯** |
With a first time "I love you"

A/C♯   **Bm** |
On a Paris afternoon,

Bm   **G** |
And now everything has changed.

G ||
I remember like yesterday.

Outro

```
          D                                A/C♯ |
          I remember like yesterday,
A/C♯                                  Bm    |
          Loving you seemed far away.
Bm                                  G     |
          Thought I could live without you.
G                                     |
       So glad I finally found you.
          D                                A/C♯ |
          On the street in the pouring rain
A/C♯                                  Bm   |
          Our hearts both found their ways.
Bm                                  G  |
          I love how everything changed.
G                                     |
          I remember 'cause it's today.
          D                          A/C♯ |
          On a stairway, in the park,
A/C♯                              Bm  |              G  |
          In the starlight after dark.
G                                     |
Sweet kisses in the pouring rain.
          D         A/C♯ |              Bm  |           G  |              | D        ||
                Oh.
```

All of You

Words and Music by
Colbie Caillat and Jason Reeves

E5   E5(maj7)   A   Asus2   F#m7add4   B4

Intro

E5   E5(maj7) |E5   E5(maj7) |A   Asus2 |A   Asus2 |

E5   E5(maj7) |E5   E5(maj7) |A   Asus2 |A   Asus2   ‖

Verse 1

E5   E5(maj7) |E5   E5(maj7) |A   Asus2
          I know that I was wrong

   |A   Asus2 |E5   E5(maj7)
When I read   your letter,

 |E5   E5(maj7) |A   Asus2
But I just had to know

   |A   Asus2 |E5   E5(maj7)
If you   still miss her

 |E5   E5(maj7) |A   Asus2
'Cause you feel far away

   |A   Asus2 |E5   E5(maj7)
When   I kiss you.

   |E5   E5(maj7) |A   Asus2
And every word you say

   |A   Asus2 |F#m7add4 |
Sounds   so confused.

F#m7add4 |Asus2
I don't want to hold you

 |Asus2   Bsus4   ‖
If you don't want to stay.

Chorus 1

E5 |E5(maj7)
Tell me everything, tell me every little thing
      |Asus2 |
And I won't run away, no matter what you say.
   |E5 |E5(maj7)
I wanna hear your heart, every single beating part,
    |Asus2 |F♯m7add4
The good and the bad. I swear I won't be mad.
     |Asus2 |Bsus4 |E5 E5(maj7) |
It's you I want, just all of you,
E5 E5(maj7) |A Asus2 |A   Asus2 ||
You,   you.

Verse 2

E5 E5(maj7) |E5   E5(maj7) |A Asus2
            No matter what I'm feeling
|A   Asus2 |E5 E5(maj7)
I   wont hide it.
    |E5   E5(maj7) |A Asus2
And know that you can tell me
   |A Asus2 |F♯m7add4
Ev - 'ry secret.
    |F♯m7add4 |Asus2 |
'Cause I'm no good at guessing.
Bsus4 ||
I just need to know.

Chorus 2

E5 |E5(maj7)

Tell me everything, tell me every little thing

    |Asus2

And I won't run away, no matter what you say.

  |E5 |E5(maj7)

I wanna hear your heart, every single beating part,

    |Asus2 |F♯m7add4

The good and the bad. I swear I won't be mad.

    |Asus2 |Bsus4 ||

It's you I want, just all of you.

Bridge

Asus2 | |

           I love you.

Bsus4 | |

           I love you.

Asus2 | |Bsus4 | ||

           I love you.   So

Chorus 3

```
E5                              |E5(maj7)
tell me everything, tell me every little thing
    |Asus2                  |
And I won't run away, no matter what you say.
    |E5                          |E5(maj7)
I wanna hear your heart, every single beating part,
    |Asus2                  |F♯m7add4
The good and the bad. I swear I won't be mad.
    |Asus2            |Bsus4
It's you I want, just all of...
    |Asus2            |Bsus4         |
It's you I want, just all of you,•
```

```
E5   E5(maj7)   |E5   E5(maj7)   |A   Asus2   |A   Asus2          |
              You,             you.
E5   E5(maj7)   |E5   E5(maj7)   |A   Asus2   |A   Asus2          |
You,             you,             you.
E5   E5(maj7)   |E5   E5(maj7)   |A   Asus2   |A   Asus2          |
You,             you,             you,             you.
E5   E5(maj7)   |E5   E5(maj7)   |A   Asus2   |A   Asus2    |E5        ‖
You,             you,             you,             you.
```

Dream Life Life

Words and Music by
Colbie Caillat and Rick Nowels

G5	G/B	Csus2	D4	Em	Am	Am7sus4

Intro

G5   G/B Csus2 | Dsus4 |

G5   G/B Csus2 | Dsus4 ||

Verse 1

G5   G/B   Csus2| Dsus4 |
Dear some - one, have you   ever wanted out

G5   G/B Csus2| Dsus4 |
Of all the stress - fullness, all the business you could do without?

G5   G/B Csus2| Dsus4 |
Take all of your wor - ries, throw them away.

Em |Csus2   Dsus4 ||
Every day should be a fun   day; that's what I say.

Chorus 1

G5   G/B
All I want is a dream life, life,

Csus2 | Dsus4 |
With the ones I love, playing all day long,

G5   G/B
Laying back by the wa - terside

Csus2 | Dsus4 |
With no - where to go and the music on.

G5   G/B
All I want is my dream life

Csus2 | Dsus4 |
To be my real life. How could that be wrong?

Em   Am |Csus2 Dsus4 |
All we have is this life, so make it be what you want.

G5   G/B Csus2 | Dsus4 |
All I want is a dream life, life.   Oh.

G5   G/B Csus2 | Dsus4 ||
All I want is a dream life, life.   Oh.

Verse 2

G5   G/B   Csus2 | Dsus4 |
Dear sum - mer, will you find your way back home?

G5   G/B Csus2 | Dsus4 |
I miss your gold - en kiss, how you warm my skin. Where did you go?

G5   G/B Csus2 | Dsus4 |
Take all of my wor - ries and burn them up.

Em |Csus2 Dsus4 ||
Every day will be a fun   day; unlock my handcuffs.

Chorus 2

```
G5                              G/B
    All I want is a dream life, life,
Csus2      |                    Dsus4          |
With the ones I love, playing all day long,
G5                              G/B
    Laying back by the wa - terside
Csus2      |                    Dsus4       |
With no - where to go and the music on.
G5                              G/B
    All I want is my dream life
    Csus2 |                    Dsus4           |
To be my real life. How could that be wrong?
Em           Am            |Csus2     Dsus4         |
    All we have is this life; let's make it be what we want.
G5                          G/B Csus2 |     Dsus4              |
All I want is a dream life, life.                 Oh.
G5                          G/B Csus2 |     Dsus4              ||
All I want is a dream life, life.                 Oh.
```

Bridge

```
Am                     |G/B                      |
    No, I did not call in sick to work today.
Csus2               |G/B                      |
    No, I'm not out hanging with my friends.
Am7sus4                        |G/B                             |
        There's no more wasting time on what I think I'm supposed to do.
Csus2                 |Dsus4            ||
My clock is stand  -  ing still so…
```

Chorus 3

```
       G5                      G/B
         I can have my dream life, life,
Csus2       |                Dsus4          |
With the ones I love, playing all day long,
       G5                      G/B
         Laying back by the wa - terside
Csus2       |                Dsus4      |
With no - where to go and the music on.
       G5                            G/B
         I'm working hard for my dream life
         Csus2 |           Dsus4            |
To be my real life, and that can't be wrong.
Em            Am          |Csus2    Dsus4        |
  All I have is this life, so I'm making it what I want.
G5                      G/B Csus2 |      Dsus4            |
  All I want is a dream life, life.              Oh.
G5                      G/B Csus2 |      Dsus4            |
  All I want is a dream life, life.              Oh.
G5                      G/B Csus2 |      Dsus4            |
  All I want is a dream life, life.              Oh.
Em            Am          |Csus2    Dsus4            |
  All we have is this life; let's make it be what we want.
G5                      G/B Csus2 |      Dsus4            |
  All I want is a dream life, life.              Oh.
G5                      G/B Csus2 |      Dsus4            |
  All I want is a dream life, life.              Oh.
G5                      G/B Csus2 |      Dsus4            |
  All I want is a dream life, life.              Oh.
Em            Am          |Csus2    Dsus4            ||
  All we have is this life; let's make it be what we want.
```

Outro

```
        G5                      G/B  Csus2 |      Dsus4              |
            All I want is a dream life, life.            Oh.
        G5                      G/B  Csus2 |      Dsus4              |
            All I want is a dream life, life.            Oh.
        G5                      G/B  Csus2 |      Dsus4         |G5        ||
            All I want is a dream life, life.            Oh.
```

What Means the Most

Words and Music by
Colbie Caillat and Toby Gad

E   E/D♯   C♯m7   F♯m7add4   E/G♯   Asus2   B4   B   E/B   C♯m7add4

Intro

E   E/D♯ |C♯m7   E/D♯ ||

Verse 1

E   E/D♯
   The other day when someone asked me,
   |C♯m7   E/D♯ |E
"Are you living your dream?" I didn't know what to say.
     E/D♯ |C♯m7   E/D♯ |
I honestly had to think.
E   E/D♯ |
  I try to be so many places at the same time,
C♯m7   E/D♯ |E
Every day a million things cluttering up my mind,
    E/D♯ |C♯m7   E/D♯   E
Another feather falling off my wings.

Pre-Chorus

||F♯m7add4   E/G♯ |Asus2   C♯m7
I climb so high it gets hard to breathe;
    Bsus4 |F♯m7add4   E/G♯ |Asus2   Bsus4 ||
Forget to remem - ber what I really need.

Chorus 1

Asus2   E

What means the most to me

B | Asus2   E

Is waking up next to you, feel the morn - ing breeze.

B   E/G♯

You're my favorite thing and I love

Asus2   E | C♯m7   Bsus4

Coming home to your arms,   when you kiss   me hello.

F♯m7add4

It's these simple things

B | Asus2   E | C♯m7

That mean the most to me,

      Bsus4 | Asus2   E | Bsus4

That mean the most to me,   yeah.

Verse 2

E   E/D♯

Every time I have to leave,

 | C♯m7   E/D♯ | E

I feel like I am leaving a part of me.

      E/D♯ | C♯m7   E/D♯

You're the only place I wanna be.

  | E   E/D♯

Well, nothing else matters; I just lose focus.

C♯m7   E/D♯

When you're not around, you're still the only one I notice.

E   E/D♯ | C♯m7   E/D♯ E

I can't help the way I feel.

F♯m7add4   E/G♯ | Asus2 C♯m7   Bsus4

It doesn't matter if I win or lose.   'Cause

Chorus 2

Asus2   E |
What means the most to me

B |Asus2   E |
 Is waking up next to you when you're hold - ing me

B E/G♯
And have a little time to play

Asus2   E |C♯m7   Bsus4 |
 In your arms, race your heart, laugh till it gets dark.

F♯m7add4 |
  It's these simple things

B |C♯m7 E/B |E/G♯ Asus2 ||
That mean the most to me,   yeah, oh.

Bridge

C♯m7   E/B |
 No more days far a - way where I miss you.

E/G♯   Asus2 |
 No more nights trying to fall asleep without you.

C♯m7   E/B |
 From now on, I'm always gonna be there.

E/G♯   Asus2 |F♯m7add4 |B
 I won't miss another day that we won't share.   I'll be there

Chorus 3

        ‖**Asus2**   **E** |**Bsus4**   **B**
'Cause you mean the most to me.

        |**Asus2**   **E** |**Bsus4**
Oh, you mean the most to me.

      B |**Asus2**   **E** |
And now that I'm here with you, I will stay by your side.

C♯m7   **Bsus4** |**Asus2 E** |**Bsus4**   **B**   ‖
   I won't leave   you this time.   Oh, no.

Outro

    E   **E/D♯**
  The next time that someone asks me,

      |**C♯m7**   **E/D♯** |**E**
"Are you living your dream?" I guess I'll know what to say.

    E/D♯ |**C♯m7add4**   ‖
I won't even have to think.

Make It Rain

Words and Music by
Colbie Caillat

E5   E5(maj7)   Asus2

Intro

E5 | |E5(maj7) | |

Asus2 | |E5(maj7) | ||

Verse 1

E5 | |
    I don't care what they   say

E5(maj7) | |
    'Cause I have seen when we run, we make it rain.

Asus2 | |
    Let's keep going for miles.

E5(maj7) | |Asus2 |
    Playing under the stormy darkened skies,

Asus2 |E5(maj7) | ||
    Can you be mine?

Verse 2

E5 | |
    Push me to the wall.

E5(maj7) | |
    Let them see, baby; I don't care at all.

Asus2 | |
    I'm not letting this go.

E5(maj7) | |Asus2 |
    Like a flower breaking through, we've grown

Asus2 |E5(maj7) | ||
    Together now.

Chorus 1

E5 | |
  So I don't care what they say

E5(maj7) | |
   'Cause I have seen when we run, we make it rain.

Asus2 | |
  There's nothing better than this,

E5(maj7) | |**Asus2** |
   And I'll keep wanting you for just one more kiss.

Asus2 |**E5(maj7)** | ||
  So make it rain.

Verse 3

E5 | |
  When the world makes me tired,

E5(maj7) | |
   And my mind feels like it was set on fire,

Asus2 | |
  You look at me and smile,

E5(maj7) | |**Asus2** |
   With your brown eyes you calm my heart and I

Asus2 |**E5(maj7)** | ||
  Can breathe again.

Repeat Chorus 1

Bridge

‖E5 | |
I'm waiting for you to become mine.

E5(maj7) | |
Maybe this is not the right time.

Asus2 | |E5(maj7) |
Should we hold off for just a little while?

|E5 | |
I'm waiting for you to become mine.

E5(maj7) | |
Baby, this is not the right time.

Asus2 | |E5(maj7) |
Should we hold off for just a little while,

E5(maj7) |Asus2 | |E5(maj7) |E5 ‖
Until you're mine?

Chorus 2

E5 | |
Well, I don't care what they say

E5(maj7) | |
'Cause I have seen when we run, we make it rain.

Asus2 | |
There's nothing better than this,

E5(maj7) | |Asus2 |
And I'll keep wanting you for just one more kiss.

Asus2 |E5(maj7) |
Can you be mine?

E5(maj7) |Asus2 | |E5(maj7) |
Can you be mine?

E5(maj7) |Asus2 | |E5(maj7) |
Can you be mine?

E5(maj7) |Asus2 | |E5(maj7) ‖
Oh, now you're mine?

Kiss the Girl
(from Walt Disney's THE LITTLE MERMAID)

Music by Alan Menken
Lyrics by Howard Ashman

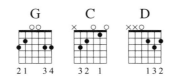

(Capo 4th fret)

Intro

| G | | | | | | ‖

Verse 1

| G | | |
There you see her,
| G | | |
Sitting there across the way.
| C | | |G | |
She don't got a lot to say, but there's something a - bout her.
| D | |C |
And you don't know why, but you're dying to try.
| G | | ‖
You wanna kiss the girl.

Verse 2

| G | | |
Yes, you want her.
| G | |
Look at her; you know you do.
| C | | |G | |
It's possible she wants you, too. There's one way to ask her.
| D | |C |
It don't take a word, not a single word.
| G | | ‖
Go on and kiss the girl.

Chorus 1

     G |**C**
    Sha la la la la la, my, oh, my.
              |**G**
Look at the boy, too shy.
            |**D** |
Ain't gonna kiss the girl.
G |**C**
    Sha la la la la la, ain't it sad.
        |**D**
Ain't it a shame, too bad.
          |**G** | ||
You gonna miss the girl.

Verse 3

G | |
Now's your mo - ment,
G | |
Floating in a blue lagoon.
C |
Boy, you better do it soon;
          |**G** |
Time will be better.
       |**D** |**C**
She won't   say a word and she won't say a word
       |**G** | ||
Until you kiss the girl.

Repeat Chorus 1

Interlude   **G** |**C** |**G** |**D** |

               G |**C** |**D** |**G** ||

Chorus 2

G |C
 Sha la la la la la, don't be scared.

       |G
You got the mood prepared;

       |D |
Go on and kiss the girl.

G |C
 Sha la la la la la, don't stop now.

       |D
Don't try to hide it how

       |G ||
You wanna kiss the girl.

Chorus 3

G |C
 Sha la la la la la, float along

       |G
And listen to the song;

       |D |
The song says, "Kiss the girl."

G |C
 Sha la la la la la, music play.

       |D
Do what the music say.

       |G ||
You wanna kiss the girl.

Outro

```
G            |C            |
     You've got to kiss the girl.
G                |D            |
     Oh, won't you   kiss the girl.
G            |C            |
     You've got to kiss the girl.
D                              |G                |
     (Kiss the girl), kiss the girl,   (kiss the girl).
G                              |C            |
You've got to kiss the girl.
G                         |D          |
You've got to kiss the girl.
G            |C        |
     Woh, kiss the girl.
D                              |G                ||
     (Kiss the girl), kiss the girl,   (kiss the girl).
```

Lucky

Words and Music by
Jason Mraz, Colbie Caillat and Timothy Fagan

C   Am   Dm7   G   E7   G/F

G#○   C/B   Gsus4   Em   Am7   G7/B   G7

Intro   C |

Verse 1
‖C |Am
Do you hear me talking to you?
        |Dm7 |G |E7
Across the water, across the deep blue ocean,
        |Am
Under the open sky.
        |Dm7 |G
Oh, my,   baby, I'm try - ing.

Verse 2
‖C |Am
Boy, I hear you in my dreams.
        |Dm7 |G   G/F
I feel your whisper across the sea.
        |E7 |Am
I keep you with me in my heart.
        |Dm7 |G   G#○   ‖
You make it easier when life gets hard.

Chorus 1

Am |Dm7 |G
     Lucky I'm in   love with my best friend,

         |C   C/B |Am
Lucky to have   been where I have been.

       |Dm7 |Gsus4 |G
Lucky to be coming home a - gain.

C |Am |Em |G
Oo,   oo.

Bridge

Dm7 |Am7 |G
They don't know how long it takes,

        |Dm7
Waiting for a love like this.

Dm7 |Am7
Every time we say goodbye,

G |Dm7
   I wish we had one more kiss.

 |Dm7 |Am7 |G   Am7 |G7/B
I'll wait for you, I promise you I will.   I'm

Chorus 2

Am7 |Dm7 |G7
    Lucky I'm in   love with my best friend,

         |C   C/B |Am7
Lucky to have   been where I have been.

       |Dm7 |Gsus4 |G
Lucky to be coming home a - gain.

Am7 |Dm7 |G7
    Lucky we're in   love in every way,

        |C   C/B |Am7
Lucky to have   stayed where we have stayed.

       |Dm7 |Gsus4 |G
Lucky to be coming home some - day.

Verse 3

‖**C** |**Am**
And so I'm sailing through the   sea

|**Dm7** |**G**
To an island where we'll meet.

|**E7** |**Am**
You'll hear the music fill the air.

|**Dm7** |**G**
I'll put a flower in your hair.

Verse 4

‖**C** |**Am**
Though the breezes through the trees

|**Dm7** |**G**   **G/F**
Move so pretty, you're all I see.

|**E7** |**Am**
As the world keeps spinning 'round,

|**Dm7** |**G**   **G♯°**   ‖
You hold me right here, right now.

Repeat Chorus 2

Outro

C |**Am** |**Em** |**G** |
Oo,   oo.

C |**Am** |**Em** |**G** |**C**   ‖
Oo,   oo.

Breathe

Words and Music by
Taylor Swift and Colbie Caillat

(Capo 6th Fret)

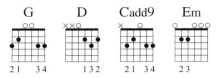

Intro

G |D |Cadd9 | |

G |D |Cadd9 |

Verse 1

‖G |D |Cadd9 |
I see your face in my mind as I drive away

   |G |D |Cadd9 | |
'Cause none of us thought it was gonna end that   way.

G |D |Cadd9 |
People are people and some‑times we change our   minds.

   |G |D |Cadd9 | |
But it's killing me to see you go   after all this   time.

G |D |Cadd9 | |
   Mm, mm, mm, mm, mm, mm.

G |D |Cadd9 | ‖
   Mm, mm, mm, mm, mm, mm.

Verse 2

G |D |Cadd9 |
Music starts playing like the end of a sad mov‑ie.

   |G |D |Cadd9 |
It's   the kind of ending you don't really wanna see.

     |G |D |Cadd9 |
'Cause it's tragedy and it'll only bring you   down.

    |G |D |Cadd9 |D   ‖
Now I don't know what to be   without you around.

Pre-Chorus 1

```
Cadd9                      |G              |
     And we know it's never simple, never easy,
D                   |Em                 |
    Never a clean break, no one here to save me.
Cadd9                      |G                  |D        |
You're the only thing I know  like the back of my  hand.
```

Chorus 1

```
D          ||Cadd9    |G        |
    And I can't,       breathe
D           |Em                |
F Without you,     but I have to
Cadd9        |G          |
      Breathe
D               |Em                ||
    Without you,     but I have to.
```

Interlude 1

```
Cadd9          |G            |D            |              ||
```

Verse 3

```
G                        |D            |Cadd9        |          |
Never wanted this, never want to see you        hurt.
G                    |D            |Cadd9      |          |
Every little bump in the road, I tried to swerve.
G                       |D            |Cadd9          |
People are people and some - times it doesn't work      out.
   |G                    |D                 |Cadd9    |D      ||
And nothing we say is gonna save us from the fall  -  out.
```

Repeat Pre-Chorus 1

Repeat Chorus 1

Interlude 2   **Cadd9** |**G** |**D** |**Em** |

                Cadd9 |**G** |**D** |

           ||**Em** | |**Cadd9** |

Bridge   It's two A.M., feeling like I just lost a friend.

        Cadd9 |**G** |

           Hope you know it's not easy,

        G |**D** |

        Easy for me.

        |**Em** | |**Cadd9** |

        It's two A.M., feeling like I just lost a friend.

        Cadd9 |**G** |

           Hope you know it's not easy,

        G |**D** | ||

        Easy for me.

        Cadd9 |**G** |

Pre-Chorus 2   And we know it's never simple, never easy,

        D |**Em** |**Cadd9** |**G**

          Never a clean break, no one here to save   me.

         |**D** |

        Oh,

```
                D       ‖Cadd9        |G        |
Chorus 2        I can't,     breathe
                D           |Em            |
                Without you,     but I have to
                Cadd9       |G       |
                    Breathe
                D           |Em            |
                Without you,     but I have to
                Cadd9           |G       |
                    Breathe
                D           |Em            |Cadd9    |G      |D        |        ‖
                Without you,     but I have to.


                Cadd9       |G    |D    |Em        |
Outro               Sorry,  sorry sorry,    sorry,
                Cadd9       |G    |D    |        |Cadd9    ‖
                Sorry,  sorry,   sorry.
```

More Great Piano/Vocal Books

FROM CHERRY LANE

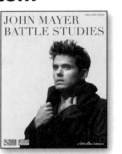

For a complete listing of Cherry Lane titles available,
including contents listings, please visit our web site at
www.cherrylane.com